和谐校园文化建设读本

中外教育名著导读

刘海昕 宋颖军 /编写

吉林教育出版社

图书在版编目(CIP)数据

中外教育名著导读 / 刘海昕，宋颖军编写. — 长春：
吉林教育出版社，2012.6（2023.2重印）
（和谐校园文化建设读本）
ISBN 978 - 7 - 5383 - 8953 - 1

Ⅰ. ①中… Ⅱ. ①刘… ②宋… Ⅲ. ①教育学－著作
－介绍－世界 Ⅳ. ①G40

中国版本图书馆 CIP 数据核字（2012）第 116050 号

中外教育名著导读

ZHONG-WAI JIAOYU MINGZHU DAODU　　　　　　　　　刘海昕　宋颖军　编写

策划编辑	刘 军　　潘宏竹			
责任编辑	付晓霞		**装帧设计**	王洪义
出版	吉林教育出版社（长春市同志街 1991 号　邮编 130021）			
发行	吉林教育出版社			
印刷	北京一鑫印务有限责任公司			
开本	710 毫米×1000 毫米　1/16	**印张** 11	**字数** 140 千字	
版次	2012 年 6 月第 1 版	**印次** 2023 年 2 月第 3 次印刷		
书号	ISBN 978 - 7 - 5383 - 8953 - 1			
定价	39.80 元			

编　委　会

主　　编：王世斌

执行主编：王保华

编委会成员：尹英俊　尹曾花　付晓霞

刘　军　刘桂琴　刘　静

张　瑜　庞　博　姜　磊

潘宏竹

（按姓氏笔画排序）

总 序

千秋基业，教育为本；源浚流畅，本固枝荣。

什么是校园文化？所谓"文化"是人类所创造的精神财富的总和，如文学、艺术、教育、科学等。而"校园文化"是人类所创造的一切精神财富在校园中的集中体现。"和谐校园文化建设"，贵在和谐，重在建设。

建设和谐的校园文化，就是要改变僵化死板的教学模式，要引导学生走出教室，走进自然，了解社会，感悟人生，逐步读懂人生、自然、社会这三本大书。

深化教育改革，加快教育发展，构建和谐校园文化，"路漫漫其修远兮"，奋斗正未有穷期。和谐校园文化建设的研究课题重大，意义重要，内涵丰富，是教育工作的一个永恒主题。和谐校园文化建设的实施方向正确，重点突出，是教育思想的根本转变和教育运行机制的全面更新。

我们出版的这套《和谐校园文化建设读本》，既有理论上的阐释，又有实践中的总结；既有学科领域的有益探索，又有教学管理方面的经验提炼；既有声情并茂的童年感悟；又有惟妙惟肖的机智幽默；既有古代哲人的至理名言，又有现代大师的谆谆教诲；既有自然科学各个领域的有趣知识；又有社会科学各个方面的启迪与感悟。笔触所及，涵盖了家庭教育、学校教育和社会教育的各个侧面以及教育教学工作的各个环节，全书立意深邃，观念新异，内容翔实，切合实际。

我们深信：广大中小学师生经过不平凡的奋斗历程，必将沐浴着时代的春风，吸吮着改革的甘露，认真地总结过去，正确地审视现在，科学地规划未来，以崭新的姿态向和谐校园文化建设的更高目标迈进。

让和谐校园文化之花灿然怒放！

本书编委会

目 录

陶行知文集

内容提要

陶行知的教育思想是博大而丰富的,本书主要收录的是其与学前教育有关的思想和实践,包括三大部分的内容:理论篇、诗歌篇和实践篇。其中理论篇收录的主要是他的生活教育理论、创造教育理论、幼稚教育理论(包括其教师观、儿童观)。诗歌篇收录了陶行知的与教育有关的儿歌,这些儿歌短小但意蕴深刻。实践篇收录的主要是其学生戴自俺和孙铭勋的相关记述。

作者简介

陶行知(1891—1946)是我国近代伟大的教育家、思想家。他热爱人民,胸怀伟大理想,在继承中国优秀教育传统和借鉴西方先进教育理论的基础上,立足中国国情,躬身实践,创造性地提出和实践了生活教育理论,对中国特色教育科学理论体系的建立和中国现代教育的发展产生了广泛而深刻的影响。

陶行知,原名文濬,后改名知行,再改名行知,是安徽省歙(shè)县人。陶行知幼年接受私塾教育,15岁那年,入歙县县城崇一学堂。年轻的陶行知从小热爱祖国,志向高远,他曾在学堂楼的卧室墙上,题写自勉的铭言:"我是一个中国人,要为中国作出一些贡献。"

1910年,陶行知考入南京金陵大学文学系。1914年6月,他以优异成绩毕业于金陵大学,获得学士学位,毕业论文《共和精义》发表在《金陵光》学报上,在文章的"共和与教育"部分中,陶行知指出:人民贫,非教育莫与富之;人民愚,非教育莫与智之;党见,非教育不除;精忠,非教育不出。[①] 反映了其教育兴国的主张。

1914 年 8 月,他赴美国留学,初入伊利诺斯州立大学攻读市政学,一年后,获得政治硕士学位。由于坚信通过教育而不是通过武力来创造一个民主国家,深信如果没有真正的公众教育就不能有共和制的存在,于1915 年秋,他转入哥伦比亚大学师范学院研读教育科学,成为美国著名实用主义教育家杜威教授的学生。1917 年夏,在取得哥伦比亚大学"都市学务总监资格"文凭后,毅然谢绝校方请他继续留学深造的邀请,怀着"我要使全体中国人都有受教育的机会"的宏愿,回到了苦难的祖国,踏上了献身人民教育事业的征途。

1917 年,26 岁的陶行知自美国学成归国,正值国内以民主和科学为旗帜的新文化运动时期。陶行知满怀热情地在这场运动中奔走呼号,积极提倡新教育,改革旧教育。为此,他一方面介绍西方的教育理论,另一方面也反对盲目"仪型他国",提出要以科学方法进行教育改革和创新,为实现中国教育的普及化和现代化踏出一条新路。

陶行知以主要精力从事平民教育和乡村教育。他深切感到中国教育改造的根本问题在农村。他说:"中国以农立国,住在乡村的人占全国人口 85%。平民教育是到民间去的运动,就是到乡下去的运动。"要想普及教育,就必须使平民教育下乡,开展乡村教育运动。陶行知号召人们加入这个运动,"一心一德的来为中国一百万个乡村创造一个新生命,叫中国一个个的乡村都有充分的新生命。"[②]他还立下宏愿,要排除各种困难,筹措一百万元基金,征集一百万位同志,创设一百万所学校,改造一百万个乡村。1926 年陶行知与东南大学教授赵叔愚等人一起筹建乡村师范学校,校址选在南京远郊偏僻荒凉的晓庄(原名小庄)。这就是后来

---

① 陶行知著.陶行知全集 第 1 卷[M].成都:四川教育出版社,2005.05:189.
② 方明编.陶行知名篇精选 教师版[M].北京:教育科学出版社,2006.05:46.

驰名中外的晓庄师范,由陶行知亲自担任校长。也就是在晓庄师范,陶行知把杜威的教育理论加以改造,形成了他的"生活教育"理论。其要点是:"生活即教育","社会即学校","教学做合一"。1930年4月,国民党内反动集团以"勾结叛逆,阴谋不轨"为借口,武力封闭晓庄学校。陶行知受到通缉,被迫临时避难日本。

1931年春,陶行知返回上海。1932年,陶行知通过总结晓庄师范的经验,在上海创办了山海工学团。工学团是一个社会教育组织,它既是学校,又是工厂,也是一个小社会。它制定了"工以养生,学以明生,团以保生"的宗旨,招收当地农民子弟入团,上午学习文化知识,下午参加生产劳动。晚上由儿童团员请当地农友到工学团办的茶园里谈论天下大事,还由儿童团员讲故事,当小先生。后来这种"即知即传"的小先生制在全国的二十多个省市中广泛推行,在20世纪三四十年代的普及教育和扫除文盲运动中发挥了巨大作用。

抗战开始后,陶行知发现,许多有特殊才能的孩子因为陷于贫困和屈辱的境地而得不到培养的机会。于是,1939年7月,陶行知在四川重庆附近的合川县凤凰山古圣寺,创办了育才学校,选拔有特殊才能的儿童。学校除设普修课之外,另外设有音乐、戏剧、绘画、文学、社会、自然、舞蹈等组,因材施教,培育人才幼苗。学校办得有声有色,为革命培养了不少专门人才。1940年9月,周恩来和邓颖超同志专程访问了育才学校,给学生留下了"一代胜似一代"的签名题词。

抗日战争胜利后,陶行知以更大的政治热情投入反内战、争和平、反独裁、争民主的群众斗争。他在重庆创办的社会大学成了一座民主革命的堡垒,成为在国民党统治区向青年进行马克思列宁主义教育的重要基地。他作为中国民主同盟中央民主教育委员会的主任,发表了《实施民主教育的提纲》《民主教育之普及》《社会大学运动》等文章,无情地揭露和抨击国民党推行的法西斯教育,提出了生活教育的四大方针,这就是民主的、科学的、大众的、创造的教育。

1946 年 4 月,陶行知来到上海,继续奋不顾身地进行争取和平民主的斗争,并为在上海创办社会大学和育才学校的迁址问题多方奔波。不久,著名民主战士李公朴、闻一多被国民党特务暗杀的消息传来,陶行知异常激愤,他到处演讲,发出了"和平最急,民主第一"的呼号。后来听说国民党特务已经把他列为下一个暗杀对象,他无所畏惧,作好了"我等着第三枪"的准备,仍然一次次发出正义的呐喊,始终站在民主运动的最前列。7 月 25 日,陶行知因为劳累过度和受刺激过深,突发脑出血不幸逝世。

陶行知的一生是在人民涂炭、国家多难、民族危急之秋度过的。他的一生是奉献的一生,是奋斗的一生,是创造的一生,是伟大的一生。他以"捧着一颗心来,不带半根草去"的赤子之忱,怀着"教育为公""甘当骆驼"的精神,与劳苦大众休戚与共,为人民教育事业,为中国的民族解放和民主斗争事业鞠躬尽瘁,奋斗终生,作出了不可磨灭的贡献。他学识渊博,才华横溢,勇于实践,善于从中国的国情出发,创造性地开展教育工作,百折不挠"为中国教育寻觅曙光",在教育理论及实践经验方面,为我们留下了极其丰富和宝贵的遗产。

陶行知语录

教育中要防止两种不同的倾向:一种是将教与学的界限完全泯除,否定了教师主导作用的错误倾向;另一种是只管教,不问学生兴趣,不注重学生所提出问题的错误倾向。前一种倾向必然是无计划,随着生活打滚;后一种倾向必然把学生灌输成烧鸭。

有发明之力者虽旧必新,无发明之力者虽新必旧。

滴自己的汗,吃自己的饭,自己的事自己干,靠人,靠天,靠祖上,不算是英雄好汉。

因为道德是做人的根本。根本一坏，纵然使你有一些学问和本领，也无甚用处。

您不可轻视小孩子的情感！他给您一块糖吃，是有汽车大王捐助一万万元的慷慨。他做了一个纸鸢飞不上去，是有齐柏林飞船造不成功一样的踌躇。他没有打着他所讨厌的人，便好像是罗斯福讨不着机会带兵去打德国一般怄气。他受了你盛怒之下的鞭打，连在梦里也觉得有法国革命模样的恐怖。他写字想得双圈没得着，仿佛是候选总统落了选一样的失意。他想你抱他一会儿而您偏去抱了别的孩子，好比是一个爱人被夺去般伤心。

学校是为社会设立的。学校没有改造社会的能力，简直可以关门。

民主教育应该是整个生活的教育。他应该是工以养生，学以明生，团以保生。他应该是健康、科学、艺术、劳动与民主组成之和谐的生活。

我们必定要努力把年富力强的人民赶紧的培植起，使他们各个读书明理，并愿为国鞠躬尽瘁。一切的学问，都要努力向着人民的幸福瞄准。

虚心下问，集思广益。

奋斗是万物之父。

幼儿比如幼苗，必须培养得宜，方能发芽滋长。

幼儿教育实为人生之基础。

行动生困难，困难生疑问，疑问生假设，假设生试验，试验生断语，断语又生了行动，如此演进于无穷。

职业教育既以养成生利人物为其主要之目的，则其直接教授职业之师资，自必以能生利之人为限。盖己立而后能立人，己达而后能达人，天下未有无生利经验之人而能教育人生利者。

做新教员的要有共和精神。就是不可摆出做官的态度，事事要和学生共同甘苦，要和学生表同情，参与到学生里面去，指导他们。

我们要晓得国家有一块未开化的土地，有一个未受教育的人民，都是由于我们没尽到责任。

我们要向着农民"烧心香"。

我们从事乡村教育的同志，要把我们整个的心献给我们三万万四千万的农民。

我们心里要充满那农民的甘苦。我们要常常念着农民的痛苦，常常念着他们所想得的幸福，我们必须有一个"农民甘苦化的心"才配为农民服务，才配担负改造乡村生活的新使命。

我们深信最高尚的精神是人生无价之宝，非金钱所能买得来，就不必靠金钱而后操作，尤不可因钱少推诿。

我们深信教师应当做人民的朋友。

我们的新使命，是要征集一百万个同志，创设一百万所学校，改造一百万个乡村。

我们深信如果全国教师对于儿童教育都有"鞠躬尽瘁，死而后已"的决心，必能为我们民族创造一个伟大的新生命。

大凡小学教员，没有改造社会的精神，便是很枯燥无味的。

乡村教师与未来的乡村教师，心里都应当有一个"理想的社会"。

捧着一颗心来，不带半根草去。你们抱着这种精神去教导小朋友，总是不会错的。

教员的天职是变化，自化化人，虽然不容易学孙悟空的七十二变，但是至少要看重变化。

我们对于自然的环境和人为的环境，都该要有理想的安排。

教育是实现理想社会的历程，假使理想社会里有不好的东西，我们就要运用教育力量去变化它；至于优良的虽在这社会之外，也要把它吸进来。

现任教育者，无不视当教员为苦途，以其无名无利也；殊不知其在经济上固甚苦，而实有无限之乐含在其中。愚蒙者我得而智之，幼小者我得而长大之,目视后进日上皆我所造就者,其乐为何如耶? 故办教育者之快乐当在手续上而不在其结果之代价。

纸上的教育改造有多大效力! 大家愿把整个的心捧出来献给小孩子才能实现真正的改造。

我们自从跳进实际生活中去工作,便觉得真正的教育,必须使学者和人民万分亲近。

小人居高位如在厅里挂画像,挂得愈高,愈见其小。

与人民亲近是"做人"的第一步。要想完成乡村教育的使命,属于什么计划方法都是次要的,那超过一切的条件是同志们肯不肯把整个的心献给乡村人民和儿童。

真教育是心心相印的活动。唯独从心里发出来的,才能打到心的深处。

你若把你的生命放在学生的生命里,把你和你的学生的生命放在大众的生命里,这才算是尽了教师的天职。

像爱迪生母亲那样了解儿童的精神是值得我们学习的。

我们这里的教师们,要有爱迪生母亲那样了解儿童及帮助儿童从事特殊的修养。方针:甲:以严肃认真态度律己;乙:以互助合作精神相待;丙:以科学方法治事治学。

你心里的理想的社会不是从天上掉下来的,而是人类依着历史发展的趋势努力创造出来的。

有了觉悟才起信仰而生出力量。但觉悟又从何而来? 从研究而来。

研究是追求真理即是求知之行。那么觉悟是从行而来,从"求知之行"而来。

人生是患难与欢乐所织成。

我对于工作也提出几点意见,以供大家参考。第一点最要紧的,是要"站岗位"。各人所负的责任不同,各人有各人的岗位,各人应该站在各人自己的岗位上，牢守自己的岗位，在本岗位上努力，把本岗位的职务做得好，这是尽责任的第一步。……第二点最要紧的，是要"敏捷正确"。人常说，做事要"敏捷"，这是对的。但我觉得做事只是做到敏捷还不够，敏捷是敏捷了，因敏捷而做错了怎么办？所以敏捷之下必须加上"正确"二字，工作敏捷而正确才有效力。……第三点最要紧的，是要"做好为止"。有些人做事，有起头无煞尾，做东丢西，做西丢东，忙过不了，不是一事无成，就是半途而废。我们做事要按照计划，依限完成，就必须凭毅力坚持，一直到做好为止。

追求真理的人以与患难搏斗为乐，唐僧向西天取经，遭遇八十一难，不知者以为他是自寻苦吃，其实他是抱着一个宏愿要完成，看破生死，乐而忘苦。

人生与患难有不解之缘。患难给有志者以战斗之情绪与战胜之智慧。有了战斗之情绪与战胜之智慧，还必须有战到底之意志，才能克服大难，以至于成。一个人到了富贵不能淫，贫贱不能移，威武不能屈的境界是永远不会被患者压倒，那他成亦成，败亦成，而不是世俗所谓之成败了。

教师的生活是艺术生活。教师的职务也是一种手艺，应当亲自动手去干的。

那些高谈阔论，妄自尊大，不屑与三百六十行为伍的都不是真教师。

大丈夫不能舍身试验室，亦当埋骨边疆尘，岂宜随便过去！

教师得人，则学校活，学校活，则社会活。倘若有活的教师，各办一所活的小学，作为改造各个乡村的中心，再以师范学校总其成，继续不断地领导各校各村前进，不出十年，必著成效。

好的乡村教师第一有农夫的身手，第二有科学的头脑，第三有改造社会的精神。

他足迹所到的地方，一年能使学校气象生动，二年能使社会信仰教育,三年能使科学农业著效,四年能使村自治告成,五年能使活的教育普及,十年能使荒山成林,废人生利。这种教师就是改造乡村生活的灵魂。

学校现是乡村的中心,教师便是学校和乡村的灵魂,教师的人格影响于学生和乡村人民很大。

小学教师之好坏,简直可以影响到国家的存亡和世运之治乱。我记得一个土地庙前写着一副对联说:"庙小乾坤大;天高日月长。"小学校便有如此气魄。

导师须是一个火把两头烧。他一方面要把小孩的热心烧滚,使各个小孩都愿做小先生,不再做守知奴。这件事是很容易成功,大概只需一次演讲就行。另一方面,他要把大人的热心烧滚,使各个大人都愿拜小孩子做先生,不再轻视小朋友。

他们对于科学农业和科学上其他的新发明,都感到浓厚的兴趣,并且他们很切心希望把这些科学常识介绍给农人。这是乡村教师最应当有的态度。如此,才能控制一般农民社会的守旧性。

他们有改造社会的精神,他们把自己的小学变成发明机,把电力送到农家去,使家家发出光明来。

做先生的,应该一面教一面学,并不是贩卖些知识来,就可以终身卖不尽的。

我们极愿意学生能有一天跑在我们前头,这是我们对于后辈应有之希望。学术的进化在此。

但我们确不能懈怠,不能放松,一定要鞭策自己努力跑在学生前头引导学生,这是我们应有的责任。师道之可敬在此。所以我们要一面教,一面学。

好学是传染的,一人好学,可以染起许多人好学。

就地位论,好学的教师最为重要,同学也互相感化。好学的同学能引别的同学好学。

一个不长进的人是不配教人，不能教人，也不高兴教人。

"后生可畏"不是一句客气话，而是一位教师受了大众的蓬蓬勃勃的长进的压迫之后，对于自己及一切教师所提出的警告。只有不断地追求真理才能免掉这样的恐怖。

只需你甘心情愿跟你的学生做学生，他们便能把你的"思想的青春"留住，他们能为你保险，使你永远不落伍。

我们必须认真办学以求对得住小朋友，对得住国家民族，毁誉之来，可不必计较。横逆之来，以慈爱智慧庄严无畏处之。我们追求真理，爱护真理，抱着真理为小孩、为国家、为人类服务，社会必有了解之日。

现在我提出四个问题，叫做"每天四问"：第一问：我的身体有没有进步？第二问：我的学问有没有进步？第三问：我的工作有没有进步？第四问：我的道德有没有进步？

我想我们每一个人，能把"一""集""钻""剖""韧"五个字做到了，在做学问上一定有豁然贯通之日，于己于人于社会都有贡献。

探讨真理，我们提五条路：（一）体验；（二）看书；（三）求师；（四）访友；（五）思考。体验相当于笃行；看书、求师、访友相当于博学；思考相当于审问、慎思、明辨。我们的治学次序是依据"行是知之始"及自动的原则排列，可以说是把传统的道理颠倒过来。虚心，虚心，虚心，承认一无所知，一无所能；学习，学习，学习，学到人所不知，人所不能。

我们要虚心地跟一切人学：跟先生学，跟大众学，跟小孩学，跟朋友学，也跟敌人学，跟大自然学，也跟大社会学。要学得专，也学得博。

民主的教师，必须要有：（一）虚心；（二）宽容；（三）与学生共甘苦；（四）跟民众学习；（五）跟小孩子学习。

个人学习不如集体学习，偶尔学习不如经常学习。为着进行经常的集体学习，最好是联合起来组织社会大学、星期研究会以实施共同之进修。

《陶行知文集》节选

从穷人教育想到穷国教育

假使一个农家有四个小孩,只能给长子上学,余下三个孩子,一个要看牛,一个要耙狗屎,一个要在家里打杂。那个读书的儿子,渐渐的手也懒了,脚也懒了,看不起务农了。种田的爸爸、养蚕的妈妈,打杂、看牛,耙狗屎的弟弟妹妹,都不放在眼睛里了。他把知识装满一脑袋,一点也不肯分给亲人。大家也不以为奇。因为做先生是要得了师范毕业文凭才有资格。他初小毕业,欠人的债已把老子的背脊骨压得驼起来了。等他高小毕业,老子又买了一匹老牛。他从小学考进初中、高中、师范的时候,他的老子是从自耕农跌到佃农、雇农的队伍里去了。弟弟们有的短命死了,有的长得像茅草一样了。他自己是学了师范弄不到教员做,毕业不啻是失业,老起面皮做"守知奴",吃着没知识的人的饭,还嫌不卫生,受栽培还骂人愚笨。这一家是难免家破人亡。

假使这个长子进的不是消费的传统学校,而是富有意义的工学团。日里从工学团里学了生活所需的知识技能,晚上便和盘托出献与父母,教导弟弟妹妹。他对于学问是贩来就卖,用不着的便不要。他认得一个字便有资格教这个字,便认定是他的责任把这个字教与别人知道。如果弟弟守牛没有回家,他便到草地上去施教。倘使父亲是个种棉花的农人,他一定想法子把种棉学术与他父亲沟通起来,他与其浪费时间学跳舞,宁可去请教人家如何选种条播。他学得几样不费钱的卫生法必定是当天传给家里的人。他是一个社会人,只是从家里出发。他其实是要把他做得到的学问立时贡献给社会。他是与社会、家庭共同长进。学问没有止境,他的进步,他的家庭的进步,社会的进步,都没有止境。他是活到老,做到老,学到老,教到老。一直到进了棺材才算毕业。一样的穷人,走的路线不同。结果是一个天一个地。

上面所说的是穷人所走的两条路，即是穷国所走的两条路。第一条是灭亡之路，以前的中国便是马上加鞭在这条路上飞跑。第二条是生命之路，从今以后，中国必须悬崖勒马朝着这条路上走来才能起死回生。其实说破不值半文钱，只要转过头来，即是康庄大道！

苏霍姆林斯基选集

作者简介

　　苏霍姆林斯基(1918—1970)是苏联著名教育理论家和教育实践家。他从17岁就参加教育工作,在他的教育生涯中,始终坚持执教一门课,始终坚持深入课堂听课,始终坚持教育理论的学习与钻研,始终坚持密切联系学校教育教学的具体实际开展教育研究和教育创新,提出了全面和谐发展的教育理论,形成了自己的教育思想,在国内外享有盛誉,影响极大。

　　苏霍姆林斯基1918年9月28日出生于乌克兰一个农民家庭。1926年进本村小学上学,1933年从七年制学校毕业后进入克列明楚克师范学院的师资培训班学习,翌年毕业。1935年,17岁的苏霍姆林斯基返回母校,成为一名农村小学教师。他一边努力工作,一边以函授的方式学完了波尔塔瓦师范学院(著名教育家马卡连科的母校)语言文学系的课程,于1938年从函授班毕业,获得中学教师资格。1939年9月至1941年7月,苏霍姆林斯基在离家不远的区中心镇的一所完全中学当语文教师兼教导主任。

　　1941年苏、德战争中,苏霍姆林斯基奔赴前线,任连指导员。1942年在战斗中负重伤,伤愈后,两块弹片一直残留在他的胸部未取出。1942年6月复员时,他主动提出重返教育岗位。开始任中学校长,后来调往家乡任区教育局局长,全力以赴投入战后学校的恢复工作。苏霍姆林斯基热爱教学第一线的火热生活,主动申请调回学校工作。1948年他被任命为农村中学帕夫雷什中学的校长。从此他一直工作在这一岗位上,直到 1970 年 9 月 2 日去世。其间,苏联各地的许多师范学院都邀请他去工作,甚至波尔塔瓦师范学院院长、他的学位导师也亲临帕夫雷什,动员他去基辅工作,但都被他婉言谢绝,他以自己的一生实践了自己献身农村教育的誓言。

苏霍姆林斯基是教育现象细致敏锐的观察者,持之以恒的研究者。他身为校长,始终兼教一门语文课,几十年不断地研究这门课的教学问题。他曾试办六岁儿童预备班,接着又从一年级到十年级,连续担任这个班的班主任,在十年内跟踪观察和研究了学生在童年、少年和青年期的各种表现。他先后为 3700 名左右的学生作了观察记录,他深入观察,细心记录教学和教育工作中的现象,认真思考,不断提炼升华。他勤于学习,广泛阅读了文学、哲学、教育学、心理学等方面的著作。每天早晨五点至八点从事写作,白天则亲自上课、听课和当班主任,晚上整理笔记,思考一天工作中遇到的问题,几十年如一日。他的教育研究,始终是建立在积累大量事实的坚实基础上的。

苏霍姆林斯基既是校长,又是任课的普通教师;既教一门学科,又当班主任;既是实际教育工作者,又是教育科学研究的专家。这就有助于他从各个不同的角度出发,全面地考察教育现象,把学校工作中错综复杂的现象放到相互联系、相互渗透的关系中进行综合的研究,坚持从实际出发而不是从"本本"出发,始终密切联系学校教育的具体实际,从理论与实践的结合上研究教育的新问题,提出自己的新观点并作出新的理论概括,避免了实践中和理论上的片面性。因此,他的教育著作,既有着现实的生动形象性,又有着理论上的鲜明独创性,既有大量生动活泼的事例,又有深思熟虑的理论概括,被人誉为"活的教育学""学校生活的百科全书"。苏联教育界认为他的教育实践活动是一项长达三十年的"教育实验",他所领导的那所普通的农村十年制学校——帕夫雷什中学是一所"教育学实验室",他的著作是近几十年罕见的"先进教育经验的完整的总结"。他所领导的帕夫雷什中学被列为世界上著名的实验学校之一。

苏霍姆林斯基的辉煌成就带给他很高声誉。1957 年他被选为苏联教育科学院通讯院士,1959 年荣获功勋教师称号。他还获得两枚列宁勋章、多枚乌申斯基奖章和马卡连柯奖章。不少国家的教育领导机构和有影响的专家及学术团体,纷纷邀请他出国讲学。1968 年他再次当选为苏联教育科学院通讯院士,同年 6 月被选为全苏教师代表大会代表并荣获社会主义劳动英雄称号。

苏霍姆林斯基给世界教育事业留下了丰富的精神遗产。他一生撰写了 41 部专著、600 多篇论文、约 1200 篇文艺作品。他的作品被译成 30 多种文字在世界各国发行。他的重要著作大都已译成中文,受到我国广大教育工作者的喜爱。他的主要著作有:《给教师的 100 条建议》《和青年校长的谈话》《我把心给了孩子们》《公民的诞生》《给儿子的信》《培养集体的方法》《学生的精神世界》《怎样培养真正的人》《全面发展的人的培养问题》等等。其中,《我把心给了孩子们》一书,获乌克兰共和国国家奖和乌克兰教育协会一等奖,连续重印二十多次,被译成几十种文字。他逝世后,苏联教育部和乌克兰教育部分别编选了五卷本和三卷本的《苏霍姆林斯基教育文集》。

苏霍姆林斯基总爱说的一句话是:"人生下来,并不是为了像无人问津的尘埃那样无影无踪地消失。人生下来是为了在自己身后留下痕迹——永久的痕迹。"这种充满激情的话语也正是苏霍姆林斯基本人的写照。他作为一位有独创精神的教育家被载入世界教育的史册。

苏霍姆林斯基语录

如果让一个人总觉得世界上的一切都是美好的,那你就培养不出公民的觉悟。

一个教育者，只有当他正确地看待善与恶，正确地评价心灵、思想、意图、志向的最细微的激情的时候，才会成为一个有理智的、善良的、永久的传播者。

良心，是一种非常细嫩的、而且是任性的东西。如果你由着它的性子为所欲为，它就会变为残酷的东西。

只有当我们学会对伟大的、崇高无上的、毫不动摇的东西树立一种忠诚感的时候，我们才能谈论纯洁的良心，才能谈论人的自我教育的才能。

教育的哲理和技巧就在于使集体生活体现在孩子们对善与恶的冲突中、在善良战胜邪恶方面的感受之中。对厚颜无耻行为的谴责，这本身就是在追求善良的集体。

教育技巧的特点，就在于使教育的整个过程成为教师过问人的精神生活的整个过程。

即使是有天才的人，也可能在某件活动上没有才能。

善良的祝愿、善良的情感是骄傲和自私的最主要的解毒剂。

我们在燃烧自己，是为了用善良愿望的纽带把人们连接起来，是为了使一个人由于人们跟他生活在一起而想活着。

感谢与奉献是高尚道德情操的标志，而同时又是基本的人品，没有它，我们就会变得愚昧无知。

感谢，是人类无与伦比的、独一无二的人际关系的一个方面。重要的不只是教孩子们在什么样的情况下说"我感谢你""谢谢"等，而应当以崇高的动机、激情、志向鼓舞他们具有高尚精神。

善于感到自己有过错是人的一大财富。

教育者的任务之一，就在于教会孩子看到自己每个行为的后果。

慷慨大方的欢乐是一种最高尚的精神力量，它能激起幼小心灵对人的高尚品格的赞美，使孩子们意识到由于参与创造这种高尚的品格而感到自豪。

不应该得到的夸奖则是一种侮辱，就像不应得到的欺侮一样。

我们不允许哪怕是一个人从道路上掉队，这条路的名字就叫"勇敢行为"。

会思考、会创造、会控制自己行为和克制自己的人，都懂得并感受过克服困难的快乐与美好，他们的良好品格也正是随着克服困难而产生的。

人的追求是无限的，人的追求水平越高，他们对自己所取得的成绩就越不满意。

苏霍姆林斯基名篇欣赏（节选）

没有也不可能有抽象的学生

为什么早在一年级就会出现一些落伍的、考不及格的学生，而到二、三年级有时候还会遇到落伍的无可救药的，因而教师干脆对他放弃不管的学生呢？这是因为在学校生活的最主要的领域——脑力劳动的领域里，对儿童缺乏个别对待的态度的缘故。

我们不妨打个比喻：让所有刚刚入学的 7 岁儿童都完成同一种体力劳动，例如去提水，一个孩子提了 5 桶就精疲力竭了，而另一个孩子却能提来 20 桶。如果你强迫一个身体虚弱的孩子一定要提够 20 桶，那么这就会损害他的力气，他到明天就什么也干不成了，说不定还会躺到医院里去。儿童从事脑力劳动所需要的力量，也是像这样各不相同的。一个学生对教材感知、理解、识记得快，在记忆中保持得长久而牢固；而另一个学生的脑力劳动进行得就完全不同：对教材的感知很慢，知识在记忆中保持得不久而且不牢固。虽然到后来（这是很常见的事），正是后一个学生在学习上、在智力发展上，比最初学习较好的那个学生取得了大得多的成就。可以把教学和教育的所有规律性都机械地运用到他身上的那种抽象的学生是不存在的。也不存在什么对所有学生都一律适用的在学习上取得成就的先决条件。学习上的成就这个概念本身就是一种相对的东西：对一个学生来说，"五分"是成就的标志，而对另一个学生来说，"三分"就是了不起的成就。教师要善于确定：每一个学生在此刻能够做到什么程度，如何使他的智力才能得到进一步的发展，这是教育技巧的一个非常重要的因素。

能否保护和培养每一个学生的自尊感，取决于教师对这个学生在学习上的个人成绩的看法。不要向儿童要求他不可能做到的事。任何一门学科的任何教学大纲只是包含一定水平和一定范围的知识，而没有包含活生生的儿童。不同的儿童要达到这个知识的水平和范围，所走的道路是各不相同的。有的孩子在一年级时就已经能完全独立地读出和解出应用题，而另外一些孩子直到二年级末甚至三年级末才能做到这一点。教师应当善于确定：要通过怎样的途径，要经历什么样的阻碍和困难，才能引导儿童接近教学大纲所规定的水平，以及怎样才能在每一个学生的脑力劳动中具体地实现教学大纲的要求。

教学和教育的技巧和艺术就在于，要使每一个儿童的力量和可能性发挥出来，使他享受到脑力劳动中的成功的乐趣。这就是说，在学习中，无论就脑力劳动的内容（作业的性质），还是就所需的时间来说，都应当采取个别对待的态度。有经验的教师，在一节课上给一个学生布置2、3道甚至4道应用题，而给另一个学生只布置1道。这个学生做的是比较复杂的应用题，而另一个学生做的则是比较简单的。这个学生在完成语言的创造性作业（例如写作文），另一个学生则在学习文艺作品的片段。

在这种做法下，所有的学生都在前进——有的人快一点，另一些人慢一些。儿童完成作业而得到评分时，从评分中看见了自己的劳动和努力，学习给他带来了精神上的满足和有所发现的欢乐。在这种情况下，教师和学生的相互关心与相互信任相结合。学生就不会把教师单纯地看成严厉的监督者,也不会把评分当成一种棍棒。他可以坦率地对教师说:某某地方我没有做好,某某地方我不会做。他的良心是纯洁的,他不可能去抄袭别人的作业或者考试时搞夹带。他想树立起自己的尊严,在学习中取得成就——这一点,形象地说,乃是通往儿童心灵中点燃着"想成为一个好人"的火花的那个角落的一条蹊径。教师要爱护这条蹊径和这点火花。

我有一个朋友伊·格·特卡琴柯,他是一位优秀的数学教师。他谈到自己备课的情况时说:"我周密地考虑每一个学生在上课时将做些什么。我给所有的学生都挑选出这样的作业,使他能在作业中取得成就。如果学生没有在掌握知识的道路上前进哪怕是很小的一步,那么这堂课对他来说就是白费了。无效劳动——这大概是学生和老师可能遇到的莫大的严重危险。"

……

有些教师能够做到使他的每一个学生在课堂上都取得进步。应当去仔细看看这些学生在上课时的脑力劳动的情况。在这里,充满着上面所说的那种师生间相互体谅的气氛,有一种智力受到鼓舞的精神,每一个学生都在尽量靠自己的努力去达到目的。你从儿童的眼光里就能看出那种紧张地、专心致志地思考的神色:一会儿发出快乐的闪光(正确的答案找到了),一会儿又在深沉地思索(从哪里入手来解决这道应用题呢)。教师在这样的气氛里工作确是一种很大的享受。我亲爱的同行,请你相信:无论教师在这样的课堂上的劳动是多么紧张,他都会有喘息一下的时间,否则,要连上4、5节课是很难的。

我在五至七年级教过几年数学。确实,这些和文学课、历史课交叉安排的数学课,对我来说是真正的休息。只要让每一个学生体验到取得成功的个人的、人格上的欢乐,那么这种课就不会把教师弄得心情焦躁、筋疲力尽。教师不必紧张地等待着会发生不愉快的事,他不必去监视那些由于无事可做而不时地用调皮行为来"招待"教师的那些机灵而坐不安稳的孩子们,因为在这样的课上,他们的精力都被纳入了正当的轨道。如果教师善于把学生引进一种力所能及的、向他们预示着并且使他们得到成功的脑力劳动中去,就连那些调皮捣蛋的学生也能多么勤奋地、专心致志地学习啊!这些学生在紧张的劳动中显示他们那积极活动的精神,他们变得跟以前完全两样了,因为他们的全部注意力都集中在如何更好地完成作业上。

有些教师经常抱怨说,儿童在上课时调皮,做小动作……这些话总使我觉得困惑莫解。如果你们,亲爱的同事们,能够认真地思考一番,怎样设法让每一个学生在课堂上都在进行脑力劳动,那么上述的情况是绝不会发生的!

教育的经济价值

内容提要

本书的论点是：人们自我投资以增加生产能力与消费能力，而学校教育乃是这种人力资本的最大投资。本书的结构是：作者序；第一章"教育的经济成分"；第二章"教育费用"；第三章"教育的经济价值"；第四章"有待商榷的问题"。

作者在序中指出，教育经济学乃是一个新兴的科学领域。作者在1956—1957年，对这个领域的研究兴趣日益浓厚。当时使他感到迷惑不解的是，他用以测量资本和劳动的各种概念，对于解释历来生产的增长问题并不适用，通过研究，使他越来越清楚地认识到，好多美国人把大量资本用于人力投资。舒尔茨认为，这种人力投资对经济增长正发生着深刻的影响，而人力资本的关键性投资在于教育。

舒尔茨认为，人们的大部分能力并不是生来就有的，也不是儿童初入学校就能获得的。这些后天获得的能力，大得足以彻底改变通常用来衡量储蓄的标准和当前资本形成的过程，它还足以改变工资和薪金的结构以及劳动收入和财产收益的比率。在经济发展方面，在工资和薪金结构方面，在个人收入分配方面，长期以来一直存在着的一些疑难问题，如能认真考虑人力资本投资，那么上述这些问题都可以得到根本的解决。

在第一章"教育的经济成分"中，作者认为教育的某些属性可以用经济的观点来加以说明，教育的经济知识在制定国家和私人的教育决策中确实起了应有的作用。其中对于资源的分配问题，作者认为，就国家整体而言，这个问题本身要求我们从全局高度来看待教育，从经济效率角度来检查上述决策是否有效，要看用于教育事业的资源，分配得是否合适，既不能太多，也不能太少，应以保持教育事业质量达到最佳程度为宜。

舒尔茨认为，教育是具有特定目的的一个集合活动。尽管教育机构不具有传统工业的某些经济性质，但从学校教育能增加学生将来收入这一点来看，它具有投资性质。他认为，教育机构和传统工业部门的区别，并不排除把经济分析用于教育。

舒尔茨在分析学校教育的"文化"性质和"经济"性质时认为，人们的谋生方式以及为之服务的经济，乃是一个民族文化的重要的基本组成部分，在现代经济和大学教育中，科学技术同样如此重要。并认为，无论为了道德陶冶或为了情趣培养所付出的代价，都在经济分析范畴之内。他认为，学校教育的价值就在于它能造福于人，由于学生的利益在将来才能获得，从而学校教育就具有投资性质，作为一种投资，它不是影响将来的消费，就是影响将来的收入。学校教育的消费成分，其耐久程度甚至比耐用的消费品还耐久，成为将来满足的源泉，学校教育的生产成分是一种知识技能的投资，它增加将来的收入，因而也与其他物质生产的投资具有同样的性质。学校中以获得能力的形式出现的投资，是人力资本投资。人力投资种类繁多，数量越来越大。舒尔茨认为，劳动生产能力首先是已经具备的生产手段，我们就这样"塑造"我们自身使之形成"人力资源"，这就是投资的结果，而学校教育投资是其中最重要的投资。他认为，把学校教育视为一种投资进行研究，这便为经济学提供了新知识的重要来源。

在第二章"教育费用"中，舒尔茨认为，拿教育费用的全面概念来研究学校教育费用，好处甚多，研究人员长期感到困惑不解的一系列教育问题会迎刃而解。舒尔茨认为，用以往的"学校经费"这个概念来确定教育的全部费用是不够妥当的。他主张拿教育费用的全面概念来进行研究,这个概念即指学校教育的"全部要素费用"。这种费用,除包括学费和其他明显的支出外,还包括由就学儿童家长缴纳的地方学校税,包括由家长对儿童就学的社区学校的馈赠和偶尔有家长把加入公司股份的"放弃利润"拨给儿童所在学校的捐款;大多数中等和中等以上学校学生在他们完成初等教育以前已经能够谋生或谋得职业,这样,学生求学时期就存在一个机会成本,其数额等于学生放弃的收入。人们已经注意到,在教育方面有许多困惑不解的问题,而放弃的收入则为解决这些问题提供了一个坚实而合理的解释。

在第三章"教育的经济价值"中,作者首先从教育机构的职能阐述了教育的经济价值:(1)科学研究的职能,带来知识进步和经济增长。(2)发现并培养有才能的人,这种投资与为勘探地下宝藏必须付出费用颇相类似。(3)学校教育增进人们的能力以适应随经济发展而来的就业机会的变化,成为促成各种职业适应和空间适应的机动性的源泉。(4)即便是所有学校教育的目的都是为了最终的消费,教师也还是必需的。为了满足这种需求,也应进行人力资源投资。(5)一个国家教育制度的职能之一应该满足在未来经济发展中"起着关键作用"的具有高等知识技能人才的需要。

舒尔茨还引用了他人的实证研究成果,阐述了教育对经济增长的作用、教育的费用与收益、教育的收益率等,认为与那种以建筑物、设备、财产等为代表的物力资本相比,近30年来学校教育已经变成更大的经济增长的源泉。

在本书的最后一章,作者提出了14个有待商榷的问题,这是当时教育经济学的研究中有待进一步研究解决的问题。这些问题的提出并不影响舒尔茨阐述教育具有经济价值的贡献,并且对人们用经济学观点去进一步研究教育问题更有所启迪。

作者简介

舒尔茨,美国著名经济学家,1979 年获诺贝尔经济学奖,他是西方教育经济学的人力资本理论的奠基人和主要代表。

舒尔茨为农民之子,生于南达科他州。早年以撰写有关农业经济方面的论著而闻名,对农业经济深有研究。舒尔茨曾在美国芝加哥大学等高等学校任教多年,是经济学教授,担任过艾奥瓦州立大学和芝加哥大学经济系的主任。还曾担任过美国经济学会的会长,美国国际农业发展服务中心理事,多次担任过美国政府的经济顾问,在联合国一些机构里也担任过职务。他以农业经济学家立足,对人力资本、经济不发达国家的开发等方面进行了研究,取得了多方面的成就。

自 20 世纪 50 年代中期以来,舒尔茨主要致力于人力资本理论的研究和著述。1959 年,他发表了人力资本理论的第十篇论文,题为《人力投资——一个经济学家的观点》,登在美国《社会服务评论》杂志上,这篇论文成为舒尔茨人力资本理论初步形成的标志。1960 年舒尔茨担任美国经济学会会长时,做了一次以人力投资为核心内容的演讲,颇有影响,致使不少学者把这篇演说词作为人力资本理论体系奠定基础的重要标志。实际上,它与上述 1959 年的那篇论文的内容是一致的。这篇论文,以《人力资本的投资》为题,于 1961 年刊登在《美国经济评论》杂志上。他在该论文中分析了传统的经济理论不能满意地解释许多国家经济的迅速增长,他指出人力投资是这种经济迅速增长的主要原因,认为人的素质的改善(经由正规教育、成人教育、在职训练、健康及营养的增进)是促进这一国际经济增长的主要原因。1960 年,舒尔茨写了一篇《用教育来形成资本》,登在政治学杂志第 68 卷上。1961 年,他应美国全国教育研究协会之约写了《教育和经济增长》,登在美国全国教育研究协会的年鉴里。

1962 年,他又写了一篇《回顾人力投资的概念》。1964 年,他写成了《教育的经济价值》一书,上述这些著述构成了人力资本理论体系。

舒尔茨的生平简历

1902 年出生于美国南达科他州阿灵顿郡的一个德国移民家庭,父亲是小农场主。22 岁在他家乡的布鲁克林农业学校毕业,以后考入本州州立学院。三年后领到了一张科学学士的文凭。

1928 年和 1930 年分别获得威斯康星大学科学硕士和哲学博士学位。

1934—1943 年担任艾奥瓦州立学院经济学与社会系教授。

1943—1972 年担任芝加哥大学经济学教授,1946—1961 年担任芝加哥大学经济学系主任,是"芝加哥学派"的代表人物之一。

1960 年当选为美国经济学会会长。

1972 年荣获美国经济学会最高荣誉——弗朗西斯·沃尔克奖。

1979 年获诺贝尔经济学奖。

1998 年 2 月 26 日逝世。

舒尔茨的研究领域

舒尔茨目睹了农民在两次世界大战后生活的艰辛,在自传中这样描述,"农产品价格跌幅超过一半,银行破产,农户难以为继"。也正是第一次世界大战后的经济衰退使他对经济活动产生兴趣,并引导他进入经济学的殿堂。

20 世纪 30 年代和 40 年代,舒尔茨作为一名农业经济学家,发表了一系列关于美国农业危机的研究论文。随后,他将研究延伸至全世界的发展中国家。他这一期间的经典著作包括《不稳定经济中的农业》《农业生产和福利》。他最光辉的著作是 1964 年出版的《改造传统农业》。该书从传统农业的基本特征是什么、传统农业为什么不能成为经济增长的源泉、如何改造传统农业三个方面具体分析了如何把弱小的传统农业改造成为一个高生产率的经济部门。

舒尔茨研究的主要特点是他没有孤立地去研究农业经济,而是将农业经济作为经济体的一部分。舒尔茨关注的是农业发展的滞后、贫穷与工业的高生产率、高收入水平之间的反差。

他是第一个系统分析教育投资如何影响农业生产率以及经济发展的学者。舒尔茨基于非均衡方法对农业的发展潜力展开分析。他的研究对象不仅仅是美国,而且包括其他发展中国家。舒尔茨曾在不同场合抨击一些发展中国家歧视农业的工业化政策。舒尔茨对第三世界国家健康因素、人口问题对经济发展的影响也进行了论述。

他的学生盖尔·约翰逊曾这么评价他:"舒尔茨是发展经济学的杰出创新者,他是一个传道授业解惑的师者,一个成功的学术管理者,一个敏锐的观察者。"

作为一名学者,舒尔茨在研究中始终与现实保持接近。只要有机会,他就会走到田间,与人们交谈,观察人们怎么解决问题。他在界定经济发展因素时表现出一个经济学家非凡的能力和智慧。在长期的研究中,他表现出探索问题的突出才能并开拓了一个新的研究领域。

舒尔茨十分关注农业发展的滞后、贫穷与工业的高生产率、高收入水平之间的反差,将农业经济作为经济体的一部分去研究,并将研究延伸至全世界的发展中国家;舒尔茨系统地分析了教育投资对农业生产率以及经济发展的影响,并在1960年提出了人力资本投资理论,认为人力资本投资是促进经济增长的关键因素;他还基于非均衡方法对农业的发展潜力展开分析。

《教育的经济价值》节选

教育的两个基本组成部分

不管学校教育收益多寡,学校费用实际是很重要的。起码,我们一下子就看得出投入教育的资源绝不是微不足道的。以美国为例,美国的初等、中等和高等学校教育费用每年超过 300 亿美元之多。尽管由于所谓公共教育的提法有人认为教育是免费的,实际上这笔费用绝大部分是由学校和他们的家长提供的。尤其对成年学生来说远不是免费的问题,因为当他们入学时放弃了以前的收入。这笔收入很可能超过他们在学校里的一切费用。当然,学校可以给学生提供助学金,助学金的数额有可能与他们不读书而从事工作所得的工资数相同。这笔费用可能转嫁到其他人身上。但是从社会来说,这笔费用总额基本未变。这里,我不想说明谁应当负担这笔费用及学校其他费用。我只想把学生放弃的收入提出来加以说明。作为学校全部费用中的一部分——学生放弃的收入这一概念是解释教育上各种迷惑不解的问题之关键所在。

假如学生放弃的收入略而不计,再来观察各种不同学历的人之间终生收入的差别就会发现,美国大、中学生受教育所付的学费,收益率是很高的。即使把公立学校和私立学校所有支出都算在内,这个收益率仍比其他任何投资收益率为高。如果放弃的收入包括在全部费用估算之内,则收益率大约下降 60%。即使是这样,收益率仍比一般投资为高。但是,投资包括放弃的收入在内,则收益率悬殊不等的问题就可以迎刃而解了。

求学费用这个问题对以下三种情况提供了一个合理的解释:(1)家庭收入低的许多有才能的儿童过了法定的强制教育年龄后,即使是免缴学费,发给奖学金都不能使他们继续在学校学习;(2)农村儿童所受教育不如城市儿童那样正规;(3)国民收入低的国家的儿童在完成头几年学习之后就被迫失学。从以上三种情况看来,放弃的收入是个关键问题。因为儿童可以被指定去干一些有收益的劳动,对收入较少的家庭则会做出微薄的贡献。

在国民收入低的国家里,初等学校每年费用随着家庭收入的增加而减少;而国民收入高的国家,各级学校每年费用都在显著增加。这种情况是否属实呢?那么请看这样一个例子吧。美国每年学校费用对消费品价格来说是急剧增加的,对国民生产总值所含价格来说也是急剧增加的。为什么呢?为了回答这个问题,在研究费用一节里,我将对此进行估算。我的估算将表明,1930 年和 1956 年之间初等学校每年费用比国民生产总值中的相对物价约高 60%,中学一年费用约高 90%。

可见,在教育经济学研究中,费用是一个基本组成部分。所以,为此目的,应该使用一些确切的概念,并将各种费用加以区别和测算。然而,以往在这方面所做工作之少,实在令人惊异!

学校教育的价值是什么呢?对这个问题的回答有各种不同的说法——有的说它具有道德上的价值,培养情趣,给人们以真正的满足;有的说它具有职业上的价值,发展技巧,增加人们的收入;也有的说他是一种人力投资。我们的任务便是对这些问题以及学校教育的其他价值问题进行系统的分析。

不过,学校教育的经济价值问题一经提出加以考虑,就有些人出来反对。在他们看来,把"价格"观念加诸教育之上就贬低了教育的价值。"无论你用什么方法来研究教育,都不能用经济尺度来衡量其价值",上述这种看法是对教育的根深蒂固的看法。这种看法是毫无根据的。虽然,某些无系统的经济学知识被别有企图的人用来作为制定政策的依据,这是实有其事,但是要说探讨教育的价值这方面的研究比起其他方面的努力一定要受到更多的攻击,那是不能使人相信的。

对于学校教育的价值远远超出经济范围之外这个信念,除非经济学家的研究结果表明它是错误的,就要毫不动摇地坚持下去。这将有助于把学校教育的"文化"性质和"经济"性质区别开来。这个区别的内涵有二——它既把文化同经济区别开来,又把作为文化的生活艺术同脱离文化的谋生手段区别开来。这个二分法是建立在文化的特定、狭隘概念之上的。文化的一般的综合概念并不排斥许多经济分析集中研究的消费和生产活动,人们谋生之道,一般说来是文化的一个组成部分。文化(Culture)这个词就其拉丁语源来说,就是耕耘、栽培的意思。正因为如此,英文中"农业"一词的构成用了 Culture 这个词。总之,人们的谋生方式以及为之服务的经济乃是一个民族文化的重要的基本组成部分。在现代经济和大学教育中,科学技术同样如此重要。再有,尽管所有的学校教育都以进行道德教育或情趣培养为任务,但这却不是无代价的。如上所述,美国每年支付各级学校教育费用 300 亿美元,美国人民生活水平的提高,不能认为与这笔费用无关。这一事实对经济学家说来颇有启迪性。因此,我得出结论:认为经济不是社会文化的一部分,或者认为文化无经济的意义都是不正确的。总之,无论为了道德陶冶或为了情趣培养所付出的代价都在经济分析范畴之内。

学校教育的价值就在于它能造福于人。假设一个学生获得学校教育的全部利益,那么这个利益则不能改善这个学生邻居的状况,不能改善其雇主及与其合作者们的状况,更不能广益于社会。学校教育无论现在(例如和大学里的同学们交往可能立即得到愉快)或将来(增长欣赏优秀作品的能力)都可使人得到满足。由于学生的利益在将来才能获得,学校教育就具有投资性质。作为一种投资,它不是影响将来的消费,就是影响将来的收入。因而,学校教育的消费成分就包括两部分,一部分为当前的消费,另一部分为将来的消费。学校教育的生产成分是一种知识技能的投资,它增加将来的收入,因而也与其他物力生产的投资具有同样性质。

人们从学校教育得到的满足系属消费部分。它包括与教育相联系的各种价值，一般说来，职业教育、专业教育不包括在内。从学校教育中获得增加将来收入的能力则不算作消费部分。当它是消费部分的时候，其价值可能是道德的培养、情趣的满足或其他方面的满足。就把学校教育当作消费品而言，它首先要具有耐久性成分，其耐久程度甚至比耐用的消费品更耐久。从学校教育中很难找到主要是代表当前消费的范例。学校教育就其耐久性的消费成分而言，由于它能增加将来的实际收入，它就是将来满足的源泉。但这种满足是不能以测得的国民收入来计算的。

终身教育引论

内容提要

终身教育作为一种国际教育思潮,最初形成于 20 世纪 50 年代末 60 年代初的欧洲。进入 70 年代后,终身教育思想"几乎在世界范围内博得了赞许"。在《终身教育引论》中,作者保尔·朗格朗详细阐述了其对终身教育的理解。

本书分为两个部分。

第一部分,作者试图说明终身教育在各个阶段中逻辑的和有机的发展。

(1)作者通过分析现代人所面临的各种挑战,认为传统的教育体系已经不能满足急剧变化的社会的需要,因此他主张建立一体化的终身教育体系。他说,"对于人,对于所有的人来说,生存从来就是意味着一连串的挑战"。

(2)接着分析了实行终身教育的阻碍与动力。作者认为,虽然诸多的现实挑战在呼唤终身教育,但是仍然存在阻碍教学变革的保守的力量。通过对阻碍力量的分析,他明确指出了四种对教育体系变革起决定性作用的因素:政治革命、消费者的论战、发展及其问题、成人教育。

(3)作者认为:"一个人有了一定的知识和技能以后便可以终生应付裕如,这种观念正在迅速过时并在消失之中。""教育正处于实现其真正意义的过程之中,这种意义不在于获得一堆知识,而在于个人的发展,在于作为连续经验的结果得到越来越充分的自我实现。"这也是终身教育的总的概念范畴。

（4）根据所搭建的关于终身教育的概念框架，作者进一步阐述了终身教育的内容、范围和目标。

（5）实施终身教育无一定的模式可循，因为各国有各国的具体情况、实际背景和亟待解决的教育问题，但是可以遵循一定的原则。作者从影响终身教育的各方面，进行了具体的分析。

作者强调必须在思想与实践上把应用于儿童、青少年、成人的教育目标和方法联系在一起，"教育和训练的过程并不随学校学习的结束而结束，而是应该贯穿于生命的全过程"。

第二部分，作者提出若干建议，同时阐释前一部分中需要进一步说明的问题，是对第一部分内容的具体化。

作者简介

保尔·朗格朗是法国当代著名的教育家，终身教育理论的积极倡导者和理论奠基者。朗格朗于 1910 年出生在法国。巴黎大学毕业后，他曾在中小学任教多年。后来，他到法国的格勒诺布尔工人教育中心担任领导工作，并曾在蒙特利尔的麦克吉尔大学讲授法国文学。1948 年，朗格朗到联合国教科文组织下属的成人教育局工作，并于 1962 年成为该局的负责人。与此同时，朗格朗还负责了经济合作与发展组织中与成人教育有关的项目，并任法国文化和发展协会的秘书长以及教育发展委员会秘书处的成员。

朗格朗于 1970 年写成并出版了其代表作《终身教育引论》。该书出版后，被译成 20 多种文字，在国际上产生广泛的影响，被公认为是终身教育理论的代表作。

《终身教育引论》节选

人们在一生的每个阶段，都可以接触和学习许多形式的智力、体力方面的知识技能，它们的大门总是敞开着的。

学习的过程也是一种习惯，任何一个在青年时期掌握了一定技艺的人可以在任何时候成为新的技能的初学者和实践者。

对于十分之九的人来说，教育就意味着学校，意味着性质特殊的，用过程、方法和专业人员体现其内容的一种活动——一个只能用它自己特有的名称"学界"来描述的世界。殊不知，学校是生活中的一个插曲，有出口的。

（对于大众传媒对人的影响）说到底，唯一有效的过滤器是对这些文化商品消费者自己的良好判断能力、鉴赏能力和在知识上不受束缚的精神。必须鼓励和通过艰苦而系统的教育来训练听众和观众学会选择。他们必须从幼年、从家庭、从学校起就习惯于选择；他们必须习惯于对某种节目说"好"而对另一种节目说"不好"。还必须对用于这种娱乐和休息的时间长短做出抉择。人在闲暇问题上最难但又最重要的训练，无疑是要学会把自己的时间合理地用于工作和休息，用于集体生活和独处，用于学习和娱乐。

终身教育的原则是：一要保证教育的连续性以防止知识过时。二要使教育计划和方法适应每个社会的具体要求和创新目标。三要在各个教育阶段都要努力培养新人，使之能适应充满进步、变化和改革的生活。四要大规模地调动和利用各种训练手段和信息，这种训练和信息超出了对教育的传统定义和组织形式上的限制。五要在各种形式的行动（技术的、政治的、工业的、商业的行动等）和教育的目标之间建立密切的联系。这些原则都服从于同一条件，这就是使教育成为生活的工具，成为使人成功地履行生活职责的工具。

教学的人格化：如果教育要有意义，那它就必须使每个人按照他自己的本性得到发展，而且这种发展应是他自己志趣、倾向和能力的一种作用，而不是让他按一种只适用于特定的对象即学得快而且对学校制度顺从的"天才学生"的既定模式来发展。

教育的对象：教育的对象是全面的人，是处在各种环境中的人，是担负着各种责任的人，简言之，是具体的人。而现代的人却是抽象化的牺牲品。

教育的目标：教育的目标就是要适应个人作为一种物质的、理智的、有感情的、有性别的、社会的、精神的、存在的各个方面和各种范围。这些成分都不能也不应当孤立起来，他们之间是互相依靠的。

小组活动：为了使小组能够很好地发挥作用，极为重要的是不仅要使全体成员都具有一种共同的精神，而且要遵守若干规则。规则是在对成功与失败的观察与解释的基础上一点一点地形成的某种方法的实质，它们涉及参加者的人数、房间的安排、各个成员之间的关系、活动步骤等。

关于教育：教育就是利用人在其形形色色的全部经验中表现出来的智能来发展人。教育的重点应放在人上，放在发展上，放在差异的重要性上。

明日之学校

作者简介

约翰·杜威(1859—1952),美国著名哲学家、教育家,实用主义哲学的创始人之一,功能心理学的先驱,美国进步主义教育运动的代表。

1859年10月20日杜威生于美国佛蒙特州的农业小镇柏林顿。父亲是一个零售商,母亲是地方法官之女,哥哥后来成为著名的经济学家。1879年,他从佛蒙特大学毕业后,在乡间任教两年。1882年,在约翰霍普金斯大学研究哲学。1884年获哲学博士学位。1884—1894年在密歇根大学和明尼苏达大学任教。1894—1904年任芝加哥大学哲学教授,哲学、心理学和教育学系主任。他在芝加哥的成就使他获得全国名望。1904年,改任哥伦比亚大学哲学教授。他和哥伦比亚的联系达47年之久,先是任哲学教授,后任哲学荣誉(退休)教授。在任教的25年中,吸引了国内外成千上万的学生,成为美国最闻名和最有影响的教师。

杜威一生获得过多个博士学位。1884年获霍普金斯大学哲学博士学位,1904年获威斯康星大学法学博士学位,1910年获佛蒙特大学法学博士学位,1913年获密歇根大学法学博士学位,1915年获霍普金斯大学法学博士学位,1917年获伊利诺伊学院法学博士学位,1920年获北京大学法学博士学位,1929年获哥伦比亚大学法学博士学位,1930年获巴黎大学法学博士学位,1946年获奥斯陆(挪威)大学荣誉哲学博士学位和宾夕法尼亚大学理学博士学位。

杜威于1899—1900年任美国心理学会会长,1905—1906年任美国哲学学会会长,1915年参加创立美国大学教授联合会并任首届主席,

1928年任美国进步教育学会名誉会长。

杜威从小喜爱阅读,对当时学校里死记硬背的传统教学方法颇为不满,感到这种学校是一个惹人讨厌的地方。在密歇根大学期间,他发现多数学校仍沿着早先的传统路线进行,没有适应儿童心理学的最新发现和变革中民主社会的需要。寻找一种能补救这些缺陷的教育哲学,成为杜威最关切的事情。1896—1906年在芝加哥创办"芝加哥实验学校",成为他哲学、教育学、心理学的实验室,这段时间是杜威教育思想形成和发展的重要时期,构成其教育理论的实验基础。1877年发表了论文《我的教育信条》,1900年出版了《学校与社会》,1902年出版了《儿童与课程》。这三者构成杜威早期代表性教育著作,形成了杜威教育理论的基本观点。1910年出版了《我们怎样思维》,1913年写了《教育上的兴趣与努力》,1915年与他的女儿合著了《明日之学校》,1916年出版了他的教育哲学代表著作《民主主义与教育》。1919—1928年先后访问日本、中国、土耳其、墨西哥和苏联等国家。1929年出版了《对苏维埃俄罗斯和革命的世界墨西哥、中国、土耳其的印象》,详细地记述了他访问各国教育的状况。1919—1921年来中国讲学,足迹遍及十一省,在北京大学、南京高等师范学校及上海等地多次发表讲演,出版《杜威在华演讲录》、《杜威五大讲演》等著作。

杜威的学术著作宏富,据美国教育学者伊斯特曼1942年统计,共有专著36种,论文815篇,仅目录就达125页。在世界几十个国家中,论著有近百种译本流传。他的思想涵盖逻辑学、认识论、心理学、教育学、社会哲学、美术和宗教。杜威的教育理论是一个庞大的理论大厦,不仅在美国推进了"进步教育运动",而且在世界上各种社会制度的30多个国家内,都在引进杜威的教育理论基础上,实施了时代所提出的教育要求。20世纪前半期在美国出现的许多种教学制度与方法就深受杜威的影响。第一次世界大战前后,在欧美各国出现的一系列重视活动与劳动操作能力培养的教育思潮也大多是与实用主义教育理论相同的。实用主义教育理论在十月革命后的苏联也具有很大影响。同时，从20世纪20年代起，通过杜威来华和他的教育著作在中国的广泛译述，实用主义教育理论也对中国的教育产生了积极的影响。赵祥麟先生在《重新评价实用主义教育思想》中说："只要旧学校里空洞的形式主义存在下去，杜威的教育理论将依旧保持生命力，并将继续起作用。"

杜威的教育观建立在对前人学说辩证批判与吸收的基础上，建立在其哲学、心理学和社会政治观的理论基础上，建立在美国社会工业化、民主化的现实基础上。这种教育观的核心体现在社会政治方面是倡导资产阶级民主主义，力图调和个人与社会的冲突；体现在哲学上是以经验论作为方法论基础，力求克服各种二元对立；体现在文化上则是倡导科学方法，从文化层面上改良社会。这种教育观的基本要求是实现教育的内在价值与工具价值的结合，使教育过程既是有乐趣的、有益于儿童个人的，又是富有实效的、有利于国计民生的。直接目的是试图通过活动性、经验性课程和教学方法使学生掌握科学的思维方法。体现了现实主义与理想主义的结合，它源于现实又高于现实，希望通过教育这种手段使不完善的社会走向更为完善的理想之境。

杜威的教育理论是立足于现代社会物质文明和精神文明基础之上的现代教育理论，充满着浓厚的现代气息，它的价值是超越国界的。杜威的教育理论旨在解决三个方面的重要问题，即教育与社会生活的脱离、教育与儿童生活的脱离、理论与实践的脱离。他提出的各种理论和设想都是为了克服这三种根本弊端。这三种弊端不仅杜威的时代存在，而且现在乃至将来依然会存在，它们一直困扰着每个时代的教育研究者和实践者。杜威所提出的一些看法也许不能尽然合乎各国国情，但他解决现代教育问题的思路及其理论所反映出的总体精神，在具体论述中所提出的观点，对当今教育都具有重大理论价值与实际意义。

杜威是现代教育史上的巨人,在现代乃至当代教育史上,其影响之大,无人堪与媲美,20世纪世界各国教育的发展历史已经雄辩地证明了这一点。

杜威的教育信条

杜威在早期教育理论的纲领性著作《我的教育信条》中,提出了五个教育信条。

(一)什么是教育

杜威认为,一切教育都是通过个人参与人类的社会意识进行的。这个过程几乎是在出生时就在无意中开始了。它不断发展个人的能力,熏陶他的意识,形成他的习惯,锻炼他的思想,并激发他的感情和情绪。由于这种不知不觉的教育,个人便渐渐分享人类积累下来的智慧和道德财富,他就成为一个固有文化资本的继承者。世界上最具形式的、最专门的教育确实是不能离开这个普遍的过程。

受教育的个人是社会的个人,而社会便是许多个人的有序组合。如果从儿童身上舍去社会的因素,我们便只剩下一个抽象的东西;如果我们从社会方面舍去个人因素,我们便只剩下一个死板的、没有生命力的集体。杜威提出的关于个人和社会关系的基本原理,贯穿在他后来的多部著作中。

人作为社会的一分子,是有生有死的。但是,作为一个“群体”与“种族”的社会生活则是要继续下去的。于是,成人对青少年就必须传授知识与经验,包括风俗、制度、信仰、语言、文化、思想等,这种传授与继承,就是广义的教育。社会继续生存,教育与学习乃是必需的事。教育是生活所必需的。

(二)什么是学校

杜威认为,学校主要是一种社会组织。教育既然是一种社会过程,学校便是社会生活的一种形式。在这种社会生活的形式里,凡是最有效地培养儿童分享人类所继承下来的财富,以及为了社会的目的而运用自己的能力的一切手段,都被集中起来。

学校作为一种制度,应当把现实的社会生活简化起来,缩小到一种"雏形"状态。杜威把道德教育和学校作为一种社会生活的形式这个概念联系起来,认为最好的和最深刻的道德训练,恰恰是人们在工作和思想的统一中跟别人发生适当的关系得来的。儿童应当通过集体生活,在他的活动中受到刺激和控制。

杜威批评了当时的美国教育,"现代教育把学校当作一个传授某些知识,学习某些课业或养成某些习惯的场所",结果是,"它们并不成为儿童的生活经验的一部分,因而并不真正具有教育作用","由于忽视了把学校作为社会生活的一种方式这个概念,来自教师的刺激和控制是太多了"。

杜威也谈到了教师的作用、儿童的考试等问题。他认为,教师在学校中并不是要给儿童强加某些概念,或形成某种习惯,而是作为集体的一个成员来选择对于儿童起着作用的影响,并帮助儿童对这些影响作出适当的反应。教师的职务仅仅是依据较多的经验和较成熟的学识来决定怎样使儿童得到生活的训练。儿童的分班和升级的一切问题,都应当参照同样的标准来决定。考试不过是用来测验儿童对社会生活的适应力。

杜威在论述教育的社会作用时,着重分析了学校环境的作用。学校的作用有三方面:一是它为青少年提供一种简易的环境,选择社会生活中政治、商业、文艺、科学、宗教那些最基本的东西来影响青少年,使他们以此为基础进一步了解更复杂的事物;二是学校要极力排除社会环境中没有价值的事情,不准它们影响青年的智慧习惯;三是学校使得学生都有接触社会里面种种要素的机会。个人可通过参加公共活动使自己获得知识与技能、信仰、风俗与理想,这就是教育的效力。

杜威认为,"教育有指导作用"。成人与教育者对青年的行为必须进行"引导",这种"引导"要让青年能自觉地接受,因为"强制"是不会有良好教育效果的。杜威举例说,我们可以把马牵到水边,却不强迫它饮水;我们虽然可以把一个人关在悔过院里,却不能强迫他悔过。要使青少年了解进行各种"活动"的目的与价值,不能强制他们去进行某种"活动",而要让他们自觉地去参加某种"活动",才能发挥教育的作用。

（三）教材问题

杜威认为,儿童的社会生活是他的一切训练生长的集中或相互联系的基础。学校课程的内容应当注意到从社会生活最初不自觉的统一体中逐渐分化出来。"学校科目联系的真正中心不是科学,不是文学,不是历史,不是地理,而是儿童本身的社会活动"。杜威强调指出了烹调、缝纫、手工等社会活动的重要性,这些科目不是附加在其他科目之外,而是代表社会活动的基本类型,通过这些活动作为媒介,把儿童引入更正式的课程中。就在这个信条里,杜威指出了他的教育哲学中的几个观点,即"教育即生活","教育应该被认为是经验的继续改造,教育过程和目的是完全相同的东西"。在理想的学校课程中,各门科目并不是先后连贯的。

（四）方法的性质

杜威从四方面说明了方法的问题最后归结为儿童的能力和兴趣的发展问题。第一,意识在本质上是运动或冲动的。这是因为,在儿童本性的发展上,自动的方面先于被动的方面;表达先于有意识的印象,肌肉的发育先于感官的发育,动作先于有意识的感觉;如果使儿童置于被动的、接受的或吸收的状态,那就是不允许儿童遵循自己本性的法则,会造成阻力和浪费。第二,表象是教学的重要工具。儿童从所见的东西中得到的,不过是依照这个东西在自己心中形成的表象而已。第三,兴趣是生长中的能力的信号和象征。教育者应当经常细心地观察儿童的兴趣，这些兴趣不应予以放任，也不应予以压抑。压抑兴趣等于压抑心智的好奇性、灵敏性和创造性，并使兴趣僵化；放任兴趣等于以暂时的东西代替永久的东西。第四，情绪是行动的反应。只要我们能参照真、善、美而获得行动和思想上的正确习惯，情绪大都是能约束自己的。

（五）学校与社会进步

杜威认为，改革仅仅依赖法规的制定或惩罚的威胁，仅仅依赖改变机械的、外在的措施，都是暂时的、无效的。教育才是社会进步和社会改革的基本方法。

通过教育，社会能够明确表达它自己的目的，能够组织它自己的方法和手段，因而明确地表达它自己所希望的前进目标塑造自身。他呼吁，为了提醒社会认识到学校奋斗的目标，并唤起社会认识到给予教育者充分的设备来进行其事业的必要性，坚持学校是社会进步和改革最基本的和最有效的工具，是每个对教育事业感兴趣的人的任务。

杜威以别具风格的语言表达教师在教育过程中的无上的重要作用：教师不是简单地从事于训练一个人，而是从事于适当的社会生活的形成。每个教师应当认识到他的职业尊严，他是社会的公仆，专门从事于维持正常社会秩序并谋求正确的社会生长。这样，教师总是真正的上帝的代言者，真正天国的引路人。

杜威语录

教育是生活的过程，而不是将来生活的预备。

教育既然是一种社会过程，学校便是社会生活的一种形式。

教育过程是一个不断改组、不断改造和不断转化的过程。

教育过程在它自身之外无目的；它自己就是自己的目的。

人们最初的知识，最能永久令人不忘的知识是关于"怎样做"的知识。

经常而细致地观察儿童的兴趣，对于教育者是最重要的。

教师的职务仅仅是依据较多的经验和较成熟的学识来决定怎样使儿童得到生活的训练。

儿童是中心，教育的措施便围绕他们而组织起来。

只有当学校本身是一个小规模的合作化社会的时候，教育才能使儿童为将来的社会生活做准备。

教师在学校中并不是要给儿童强加某些概念，或形成某些习惯，而是作为集体的一个成员来选择对于儿童起作用的影响，并帮助儿童对这些影响做出适当的反应。

学校科目联系的真正中心不是科学，不是文学，不是历史，不是地理，而是儿童本身的社会活动。

如果他不能筹划他自己解决问题的方法，自己寻找出路，他就学不到什么；即使他能背出一些正确答案，百分之百正确，他还是学不到什么。

比较聪明的教师注意系统地引导学生利用过去的功课来帮助理解目前的功课，并利用目前的功课加深理解已经获得的知识。

一切教育都是通过个人参与人类的社会意识进行的。这个过程几乎是在出生时就在无意中开始了。

一个儿童要学习的最难的课程就是实践课，假如他学不好这门课程，再多的书本知识也补偿不了。

学校的最大浪费在于儿童在学校中不能完全自由地运用已有的经验，采用自己的方法去获取知识。

教育有大小两种。小的一种是学校所提供的；大的一种，即具有最后的影响力的教育，是各种实际生活条件所提供的，特别是家庭和周围环境的条件。

我们教育中将引起的政变是重心的转移。这是一种变革，这是一种革命，这是和哥白尼把天文学的中心从地球转到太阳一样的那种革命。

我们所要求的是使儿童带着整个的身体和整个的心智来到学校，又带着更圆满发展的心情和甚至更健康的身体离开学校。

学习是主动的，它包含着心理的积极开展，它包括从心理内部开始的有机体的同化作用。毫不夸张地说，我们必须站在儿童的立场上，并且以儿童为自己的出发点。

《明日之学校》节选

教育即生长

生长的条件

社会在指导青少年活动的过程中决定青少年的未来，也因而决定社会自己的未来。由于特定时代的青少年在今后某一时间将组成那个时代的社会，所以，那个时代社会的性质，基本上将取决于前一时代给予儿童活动的指导。这个朝着后来结果的行动的积累运动，就是生长的含义。

生长的首要条件是未成熟状态。我们说一个人只能在它未发展的某一点发展，这似乎是自明之理。但是，未成熟状态这个词的前缀"未"却有某种积极的意义，不仅仅是一无所有或缺乏的意思。值得注意的是"能量"和"潜力"，这两个名词都有双重意义，一个意义是消极的，另一个是积极的。能量可以仅指接纳性，如一夸脱的容量。我们可以把潜力仅仅理解为蛰伏或休眠的状态——在外部影响下变成某种不同的东西的能力。但是，我们也可以把能量理解为一种能力，把潜力理解为势力。我们说未成熟状态就是有生长的可能性。这句话的意思，并不是指现在没有能力，到了后来才会有；我们表示现在就有一种确实存在的势力——即发展的能力。

我们往往把未成熟状态只是当作缺乏,把生长当作填补未成熟的人和成熟的人之间的空缺的东西,这种倾向是由于用比较的观点看待儿童期,而不是用内在的观点看待儿童期。我们之所以仅仅把儿童期当作匮乏,是因为我们用成年期作为一个固定的标准来衡量儿童期。这样就把注意力集中在儿童现在所没有的、他成人以前所不会有的东西上。这种比较的观点,要是为了某种目的也是够合法的,但是,如果我们把这种观点看作不可变更的道理,那就产生一个问题,就是我们是否傲慢武断。如果儿童能清晰地和忠实地表达自己的意见,他们所说的话将与此不同;我们有非常可靠的成人凭据,使我们相信,在某种道德的和理智的方面,成人必须变成幼小儿童才对。

当我们考虑到提出一个静止的目的作为理想和标准时,这个关于未成熟状态的可能性的消极性质的假设,其严重性是明显的。他们把不断的成长理解为已完成的生长,就是说停止生长,即不再继续生长。这个假设毫无价值,从这样的事实可以明白,每一个成人,如果有人诋毁他没有进一步生长的可能性,他就会怨恨;只要他发现自己没有进一步生长的可能性,他就会悲痛,把这件事视为丧失的证据,而不把以往的成就作为力量的适当表现。为什么对儿童和成人采用不平等的标准呢?

我们如果不用比较的观点,而用绝对的观点来看,未成熟状态就是一种积极的势力或能力——向前生长的力量。我们不必像有些教育学说那样,从儿童那里抽出或引出种种积极的活动。哪里有生活,哪里就已经有热切的和激动的活动。生长并不是从外面加到活动的东西,而是活动自己做的东西。未成熟状态的可能性的积极的和建设的方面,是理解未成熟状态的两个主要特征即依赖和可塑性的关键。(1)把依赖说成某种积极的东西,听来未免可笑,把依赖说成一种力量,更加荒谬。但是,如果依赖完全是无依无靠的性质,那么发展永远不会发生。一个仅仅是软弱无能的人,永远要别人提携。依赖伴随着能力的成长,而不是越来越陷入寄生的状态,这个事实表明依赖已是某种建设性的东西。仅仅寄人篱下不会促进生长。(2)因为寄人篱下不过是筑墙于软弱无能的周围。对物质世界来说,儿童是无依无靠的。在他诞生的时候和以后长时间内,缺乏行走和维持自己生命的能力。如果他必须自己谋生,那就连一小时都难以生存。在这方面,儿童几乎是全盘无依无靠。幼兽也要比他强得多。他的身体是虚弱的,不能运用他所有的体力去应付物质的环境。

1.但是,这种彻底的无依无靠性质,暗示着具有某种补偿的力量。……有人说,儿童在进入青年期以前是利己主义和自我中心的,这句话即使是正确的,也和我们上面所说的话没有矛盾。这不过表明儿童的社会反应能力是用来增加他们自己的利益,并不是表明儿童没有这种社会反应能力。但是,这句话事实上并不正确。……所谓儿童天生的利己主义的剩余部分,大部分都不过是违反成人的利己主义的利己主义。成人过分专心于他自己的事务,而对儿童的事务没有兴趣。在他看来,儿童无疑似乎过分专心于他们自己的事务。……

2.未成熟的人为生长而有的特殊适应能力,构成他的可塑性。这种可塑性完全不同于油灰或蜡的可塑性。它并不是因受外来压力就改变形式的一种能力。这种可塑性和柔韧的弹性相近,有些人通过弹性作用于他们的周围的环境并保持他们自己的倾向。但是,可塑性比弹性更加深刻,它主要是从经验中学习的能力,从经验中保持可以用来对付以后情景中的困难的力量。这就是说,可塑性乃是以从前的经验的结果为基础,改变自己行为的力量,就是发展各种倾向的力量。没有这种力量,获得习惯是不可能的。

高等动物的崽仔,特别是人类的幼儿,必须学会利用他们的本能反应,这是大家熟悉的事实。人类生来比其他动物具有更多的本能倾向。……我们学习一种动作,不是按现成的动作去做,必须学会变化动作的因素,根据不同情况做出种种因素的联合。人类学习一种动作，能够发展许多方法，应用到其他情境，从而开辟继续前进的可能性。更重要的是，人类养成学习的习惯，他学会怎样学习。……

习惯是生长的表现

我们在上面已说过，可塑性是保持可提取过去经验中能改变后来活动的种种因素的能力。这就是说，可塑性乃是获得习惯或发展一定倾向的能力。我们现在要研究习惯的主要特征。首先，习惯乃是一种执行的技能，或工作的效率。习惯就是利用自然环境以达到自己目的的能力。习惯通过控制动作器官而主动地控制环境。我们也许易于强调控制身体，而忽略对环境的控制。我们想起步行、谈话、弹钢琴、雕刻工的专门技能、外科医生、建筑桥梁的工人等等的技能，好像他们的技能不过是有机体的行动流畅、灵巧和精确。当然，他们的动作的确流畅、灵巧和精确；但是，衡量这些特征的价值标准，在于它们对环境的经济而有效的控制。我们能够走路，就是能支配自然界的某些特性，所有其他习惯也是如此。

人们常常把教育解释为获得能使个人适应环境的种种习惯。这个定义表明生长的一个重要方面。但是，这个定义中的所谓适应，必须从控制达到目的的手段的主动意义上来理解。如果我们把习惯仅仅看作机体内部引起的变化，而忽视这种变化在于造成环境中以后许多变化的能力，就会把"适应"看作与环境一致，正如一块蜡依照印章一样。……

总而言之，所谓适应，既是我们的活动对环境的适应，也是环境对我们自己活动的适应。譬如，一个野蛮部落设法在沙漠平原上生活，他们使自己适应。但是，他们的适应包含最大限度地接受、忍受和容忍现状，最大限度地被动默认和最小限度地主动控制和利用环境。后来，有文明的人出现了，他们也使自己适应，但是他们引进灌溉；寻找能在这种环境中繁荣昌盛的植物和动物；通过审慎的选择，改良正在那里生长的动植物。结果,这个荒芜的地方,好像盛开的玫瑰。野蛮部落只是顺应环境,习以为常;文明人却有习惯,这些习惯能改造环境。

但是,习惯的重要性并不止于习惯的执行和动作的方面,习惯还指培养理智的和情感的倾向,以及增加动作的轻松、经济和效率。无论什么习惯,都标志着一种倾向,能够主动选择习惯运行的环境。……

各种习惯和智力脱离到什么程度,这种习惯变成呆板的动作的方法,或者变成奴役我们的动作方法就到什么程度。常规性的习惯就是不加思考的习惯;"坏"的习惯没有理智,违反有意识的考虑和决定所做出的结论。……

发展概念的教育意义

本章到这里为止,很少谈到教育。我们一直在讨论生长的条件和含义。但是,要是我们的结论是正确的,它们就包含明确的教育结果。当我们说教育就是发展时,全看对发展一词怎样理解。我们的最后结论是,生活就是发展;而不断发展,不断生长,就是生活。用教育的术语来说,就是:①教育过程在它自身以外没有目的,它就是它自己的目的;②教育过程是一个不断改组、不断改造和不断转化的过程。

(1)当我们用比较的术语,即从儿童和成人生活的特征,来解释发展时,所谓发展就是将能力引导到特别的渠道,如养成各种习惯,这些习惯包括执行的技能,明确的兴趣,以及特定的观察与思维的对象。但是比较的观点并不是最终的。儿童具有特别的能力;忽视这个事实,便是阻碍儿童生长所依靠的器官的发育或使它们畸形发展。成人利用他的能力改造他的环境,因此引起许多新的刺激,这些新的刺激再引导他的各种能力,使它们不断发展。忽视这个事实,发展就受阻挠,成为被动的适应。换言之,常态的儿童和常态的成人,都在不断生长。他们的区别不是生长和不生长的区别,而是各有适合于不同情况的不同的生长方式。关于专门应付特殊的科学和经济问题的能力的发展,我们可以说,儿童应该向成人方面发展。关于同情的好奇心,不偏不倚的敏感性和坦率的胸怀,我们可以说,成人应该成长得像儿童的样子。这两句话都是同样正确的。

我们在本章已经评论过三种思想,这就是:一、把未成熟状态仅仅看作缺乏发展;二、把发展看作对固定环境的静止的适应;三、关于习惯的僵硬性。这三种思想,都和关于生长或发展的错误观点有关——都认为生长或发展乃是朝着一个固定目标的运动。它们把生长看作有一个目的,而不看做就是目的。这三种错误思想在教育上相应的错误就是:第一,不考虑儿童的本能的或先天的能力;第二,不发展儿童应付新情境的首创精神;第三,过分强调训练和其他方法,牺牲个人的理解力,以养成机械的技能。上述三种情况都是把成人的环境作为儿童的标准,使儿童成长到这个标准。

人们不是无视自然的本能,就是把它们看作讨厌的东西——看作应该受压制、或者无论如何应该顺应外部标准的可憎的特性。由于把遵守看作目的,所以青年人的个性都被忽视,或被看作调皮捣蛋或不守纪律的根源。同时,又把顺应等同于一律,从而导致青年对新鲜事物缺乏兴趣,对进步表示反感,害怕不确定的和未知的事情。由于生长的目的在生长过程之外,超越不断生长的过程,就不得不依靠外部力量使生长走向这个目的。当一种教育方法被污蔑为机械方法的时候,我们可以肯定,这就是依靠外部的压力来达到外部的目的。

(2)既然实际上除了更多的生长,没有别的东西是与生长相关的,所以除了更多的教育,没有别的东西是教育所从属的。用一句平常话说,一个人离开学校之后,教育不应停止。这句话的意思是,学校教育的目的,在于通过组织保证继续生长的各种力量,以保证教育得以继续进行,使人们乐于从生活本身学习,并乐于把生活条件造成一种境界,使人人在生活过程中学习,这就是学校教育的最好的产物。

当我们不再企图用和成人成就作为固定标准进行比较,来解释未成熟状态时,就不得不放弃把未成熟状态看作缺乏所需要的特性的见解。抛弃了这种见解,我们也就不得不放弃一种习惯,把教学看作把知识灌进等待装载的心理的和道德的洞穴中去填补这个缺陷的方法。因为生活就是生长,所以一个人在一个阶段的生活,和在另一个阶段的生活,是同样真实、同样积极的,这两个阶段的生活,内容同样丰富,地位同样重要。因此,教育就是不问年龄大小,提供保证生长或充分生活的条件的事业。我们对未成熟状态,先是觉得不耐烦,愈快过去愈好。于是,用这种教育方法教育出来的成人,回顾儿童期和青年期,感到无穷遗憾,只看到失却机会和浪费能力的景象。在我们承认生活有它自己内在的品质,而教育的任务就在于发展这种品质以前,这种讽刺性的情境将会持续下去。

认识到生活就是生长,这就使我们能避免所谓把儿童期理想化,这种事情实际上无非是懒惰成性。不要把生活和一切表面的行动和兴趣混为一谈。我们虽然不能断定,有些东西看来仅属表面的玩笑,是否就是某种初生而未经训练的能力的预兆;但是我们必须牢记,不要把表面现象认为就是目的本身。它们不过是可能的生长的预兆。要把它们转变成发展的手段和使能力进一步发展的工具,而不要纵容它们,任其发展。过分注意表面现象(即使用指责和鼓励的方式),也许会使这些现象固定,从而使发展阻滞。对家长和教师来说,重要的事情是注意儿童哪些冲动在向前发展,而不是注意他们已往的冲动,尊重未成熟状态的正确原则,不能比埃默森下面一段话再好的了。他说:"尊重儿童,不要过分摆起家长的架子,不要侵犯儿童的孤单生活。但是对于这个建议我却听到有人叫嚷:你真要放弃公私训练的缰绳吗?你要让儿童去过他自己激情而奇想的狂妄生涯,把这种无政府状态称为尊重儿童的天性吗?我回答说,尊重儿童,尊重他到底,但是也要尊重你自己。……关于儿童训练,有两点要注意:保存儿童的天性,除了儿童的天性以外,别的都要通过锻炼搞掉;保存儿童的天性,但是阻止他扰乱、干蠢事和胡闹;保存儿童的天性,并且正是按照它所指的方向,用知识把儿童天性武装起来。"正如埃默森接着指出的,这种对儿童期和青年期的尊重,并不为教师开辟一条容易而悠闲的道路,"却立刻对老师的时间、思想和生活提出巨大的要求。这个方法需要时间,需要经常运用,需要远见卓识,需要事实的教育,还需要上帝的一切教训与帮助;只要想到要运用这个方法,就意味着高尚的品格和渊博的学识了"。

生长的能力,依靠别人的帮助,也有赖于自己的可塑性。这两种情况,在儿童期和青年期达到顶点。可塑性或从经验学习的能力,就是形成习惯的意思。习惯使我们能控制环境,并且能为了人类的利益利用环境。习惯有两种形式,一是习以为常的形式,就是有机体的活动和环境取得全面的、持久的平衡;另一种形式是主动地调整自己的活动,借以应付新的情况的能力。前一种习惯提供生长的背景;后一种习惯构成继续不断的生长。主动的习惯包含思维、发明和使自己的能力应用于新的目的的首创精神。这种主动的习惯,和以阻碍生长为标志的墨守成规相反。因为生长是生活的特征,所以教育就是不断生长;在它自身以外,没有别的目的。学校教育的价值,它的标准,就看它创造继续生长的愿望,到什么程度;看它为实现这种愿望提供方法,到什么程度。

兴趣观念在教育上的重要性

兴趣是任何有目的的经验中各种事物的动力,不管这些事物是看得见的,还是呈现在想象中的。具体地说,承认兴趣在有教育意义的发展中的能动地位,其价值在于使我们能考虑每一个儿童的特殊的能力、需要和爱好。承认兴趣的重要性的人不会认为,因为儿童偶然由同一个教师任教,采取同一种课本,他们的心理就会同样活动。同样的教材,随着对儿童的特殊感染力的不同,儿童对教材的态度、研究教材的方法和对教材的反应各有不同,而教师的这种感染力本身又随着儿童的自然倾向、个人的过去经验以及各人生活计划等的差异而各不相同。但是,有关兴趣的种种事实,对教育哲学可提供有一般价值的考虑。如果我们能正确地理解关于兴趣的事实,就可以使我们警惕有关心智和教材的某些观念,这些观念过去在哲学思想上曾流行一时,并对教学和训练的进行产生了严重的不良影响。心智往往被置于有待认识的事物和事实之上;把心智看作是孤立存在的东西,心理的状态和活动孤立存在。他们认为知识就是纯粹的心理存在从外部运用于有待认识的事物,或者是外界的教材作用于心智所造成的种种印象;或者是外界的教材作用于心智所造成的种种印象;或者是两者的结合。因此,教材被看作自身完成的东西;教材不过是有待学习或认识的东西。至于学习的方法,或者通过自动地运用心智于教材,或者通过作用于心智的种种印象。

关于兴趣的种种事实表明,这种观念都是无稽之谈。经验中的心智,是根据对未来可能的结果的预测而应付目前刺激的能力,目的在于控制将会发生的结果。事物,即已知教材,就是和预料的事件进程有关系的东西,不管这些事物促进这个进程,还是延缓这个进程。上面的这些话过于抽象,不易理解。举个例子就可以明白这些话的含义了。

你从事某种职业,譬如说用打字机写作。如果你是一个能手,你已经养成的习惯能照顾身体方面的活动,使你的思想自由地考虑你的题目。但是,如果你打字并不熟练,或者,即使你打字熟练,打字机运转不灵,那么,你就要运用智慧。你不希望胡乱在打字机上按键,随便发生什么结果;你希望把词打成一定的次序,使它们有意义。你注意键盘,注意你所打的内容,注意你手的运动,注意打字机上的色带或打字机的装置。你的注意力并不是毫不在乎地和杂乱地分配在任何一个细节上,而是集中在与有效地从事你的职业有关的事情上。你目光向前,你注意当前的许多事实,因为它们是你做事取得成功的因素。你必须发现你能力有多大,掌握了哪些事件,有什么困难和障碍。这种预见和对所预见的情况所进行的全面的调查就构成了心智。一种行动,如果没有这种对结果的预见,没有这种对方法和障碍的考虑,那么这种行动不是一种习惯,就是盲目的行动。无论是习惯的动作,或是有目的的行动,都没有理智的作用。如果对于所想要做的事情含糊不定,对实现这件事的条件的观察漫不经心,这样的人是拙笨的,或只有部分的智力。

如果我们再用前面的例子,他的心思不关心打字机的操作,而注意所要写作的文章,情况也是相同的。这个人在打字时,有一个正在进行中的活动,他正致力于阐发这一个题目,除非他像留声机说话那样写作,否则就要用智力;就是说,他一面打字,同时机灵地预见到目前材料和思考可能得到的各种结论,并不间断地加强观察追忆,掌握和所要达到的结论有关的材料。他的整个态度是一种关切的态度,关注着将发生的事情,以及是否有利于达到目的。如果目前的行为没有由预见未来可能的结果所决定的方向,这种行为就没有智力,对未来只有想象的预测,而不注意预测所依靠的条件,那就只是自己欺骗自己,或是痴心妄想,这是一种发育不全的智力。

如果这个例子具有典型意义,那么心智就不是什么自身完成的东西,它是一个得到智力指导的行动的过程;换言之,在行动的过程中有目的、有结局并须选择手段,以促进达到目的。智力并不是一个人所有的特殊的占有物;一个人所参与的活动具有上面所说的特性,他就是明智的。一个人所从事的各种活动,无论他是否运用智力去参与,都不是他个人独有的财产;这些活动不过是他从事和参与的事情。还有其他事情,其他事情和人物的独立的变化参加到他的活动中来,或者和他合作,或者阻碍他的活动。个人的行动可以是事件进程的开端,但是这件事的结果决定于他的反应和其他事物所提供的力量的相互作用。如果不把心智看作和其他因素共同参与而取得结果的因素,那么心智就变成没有意义的东西。

因此，教学问题，乃是寻找材料使一个人从事特殊的活动的问题。这种活动有一个重要的目的，或对他有兴趣；同时，这种活动不把事物当作操练的器械，而当作达到目的的条件。我们前面谈到形式训练说的缺陷，补救的方法不在于用特殊训练说来取代它，而在于改革心智和心智的训练的观念。补救形式训练说的缺陷的方法，是要发现一些典型的活动，不管是游戏还是有用的作业，每个人都关心这种活动，他们认识到活动的结果和他们利害攸关，感到这种活动不经思考、不运用判断去选择观察和回忆的材料，就无法完成。总之，关于心智训练概念的长期流行的错误的根源，在于不顾个人参与的事物向未来结果的运动，和观察、想象和记忆在指导运动中所起的作用。错误的根源就在于把心智看作准备直接应用于目前材料的自身完成的东西。

这个错误在历史实践中有两个流弊。一方面，这个错误包庇和保护了传统的课程和教学方法，不许人进行明智的批评和必要的修正。说传统的课程和教学方法具有"训练"作用，这就保护了它们，使它们不受任何查问。仅仅说明这种课程和教学法在生活中无用，或者它们对自我修养真正无所贡献，还不足以推翻这个错误观念。只要说它们有"训练作用"，就能窒息一切疑问，抑制一切怀疑，排除对问题进行合理的讨论。这种说法就其性质来讲，是无从检验的。即使训练在事实上并无结果，学生在实践中漫不经心，并丧失明智地自我定向的能力，他们仍认为过失在学生本人，而不在课程或教学方法。学生的失败只证明他需要更多的训练，从而为保存陈旧的方法提供一个理由。这件事的责任，从教师转移到学生，因为教师所用的材料不必经过特别的测验；也无须表明这种材料是否满足任何特殊的需要，或达到任何特殊的目的，这种材料是为进行一般训练设计的，如果没有效果，这是因为学生不愿接受训练。

另一方面，把训练看作消极的概念，不把训练看作就是创造能力的发展。我们曾经说过，所谓意志，就是对待未来、对待产生可能的结果的态度，这种态度包含一种努力，清楚地和全面地预见各种行动方式的可能结果，并主动地认识某些预期的结果。如果我们的心智所赋有的能力，只应用于现有的材料，就要把意志或努力视为单纯的紧张。一个人对于现有的材料只有愿意或不愿意应用的问题。所用的材料愈是没有关系的东西，愈是与一个人的习惯和爱好毫不相干的东西，就愈要求做出努力，使心智用到这种材料上去，因而更能训练意志。按照这个观点，一个人因为材料中有一些有关他要做的事，才注意应用这种材料，这不算是训练的作用，即使创造能力取得令人喜悦的增进，也不算是训练的作用。只是为应用而应用，为训练而训练，那才是有训练作用的。如果所提出的教材和学生志趣不合，这种见解更可能发生。因为，这个时候，除了承认义务或训练的价值以外，就没有什么动机了。逻辑上必然的结果，就像一位美国幽默家说的："只要孩子并不喜欢你给他的东西，无论你教他什么东西都是一样的，没有什么区别。"

上面所说的流弊，是把心智和应付事物以达到目的的种种活动隔开，各自孤立起来。和这种孤立相应的，就是要把所要学习的教材孤立起来。传统的教育计划即所谓教材，就是要学习的那么多的材料。各门学科代表许多独立的门类，每一门类有它自己完全的编排原则。历史就是这样一群事实；代数是另一群事实；地理又是另一群事实，等等。以至全部课程，所有学科，都是自身现成存在的东西。它们和心智的关系，除了为心智提供学习材料以外，别无其他关系。这种思想与传统的教学实践符合。按照这种教学实践，每天每月以至逐年的学校工作计划，由彼此不相联系的科目组成，每一门科目，至少从教育的目的来看都认为是自身完成的东西。

主动的作业在教育中的地位

过去一个世纪学校课程经过了很大的改革。这种改革的由来，一部分是由于教育改革家们的努力，一部分是由于研究儿童心理的兴趣的提高，一部分是由于学校教学的经验。这三方面来的一个教训，即教学应从学生的经验和能力出发，使学校在游戏和工作中采用与儿童、青年在校外从事的活动类似的活动形式。近代心理学已经用复杂的本能的和冲动的倾向，代替旧理论关于普通的和现成的官能的主张。经验表明，当儿童有机会从事各种调动他们的自然冲动的身体活动时，上学便是一件乐事，儿童管理不再是一种负担，而学习也比较容易了。

有的时候，人们采取游戏、竞技和建造作业，只是为了以上原因，强调解除"正规的"学校功课的沉闷和劳累。但是，没有理由只是采用游戏和建造作业作为愉快的消遣。心理生活的研究表明，探索、操作工具和材料、建造、表现欢乐情绪等先天倾向，具有基本的价值。如果这些本能所激起的种种练习是正规的学校课程的一部分，学生便能专心致志地学习，校内生活和校外生活之间的人为的隔阂因之减少，能供给种种动机，使学生注意有显著教育作用的各种材料和过程，并能使学生通力合作，了解知识材料的社会背景。总之，学校所以采用游戏和主动的作用，并在课程中占一明确的位置，是理智方面和社会方面的原因，并非临时的权宜之计和片刻的愉快惬意。没有一些游戏和工作，就不可能有正常的有效的学习；所谓有效学习，就是知识的获得是从事有目的的活动的结果，而不是应付学校功课的结果。讲得更具体些，游戏和工作完全和认识的第一阶段特征相应。我们在前章讲过，这一阶段认知的特征是学习怎样做事和熟悉所做的事情的过程。……柏拉图论述知识时，也根据分析补鞋匠、木工和音乐家等等的知识，指出他们的技艺（如果不是纯粹的机械工作）都含有一个目的，须掌握工作的材料，控制所用的工具，并有明确的进行程序——这种种事情都需了解，才能获得聪明的技能或技艺。

儿童在校外的时候一般总是在游戏和工作。这个事实在许多教育者看来，无疑是一个理由，它说明了儿童在校内的时候，为什么应该做与校外根本不同的事情。学校里的时间很宝贵，似乎不应该用来重复做儿童无论如何肯定要做的事情。在有些社会条件下，这个理由是有力量的。例如，在开拓的时代，校外的作业能提供明确的和有价值的理智的和道德的训练。另一方面，有关这些作业的书籍和其他资料很少，并且难于得到：这些书籍和资料是当时狭隘和原始环境的唯一派遣的工具。无论哪里，只要有这种情况，主张学校活动集中在书籍上，就是有一番道理的。可是，在大多数现代的社会里，情况就大不相同了。

但是，不要忘记，在大多数校外环境里，教育的结果不过是游戏和工作的一个副产物。这种结果是偶然的，不是主要产物。因此，所得到的教育发展多少也是出于偶然的。很多工作都具有现代工业社会的缺点，这种缺点几乎是青年正当发展的致命伤。游戏往往既重复和肯定成人生活环境中的优点，也重复和肯定成人生活环境中的劣点。学校的任务就是设置一个环境，在这种环境里，游戏和工作的进行，应能促进青年智力和道德的成长。如果仅仅在学校采用游戏和竞技、手工和劳作，这还不够，一切还看我们怎样运用它们。

作为问题解决法的教学五步

一般说来，教学方法上的基本错误在于假设学生的经验是可以想当然的。我们主张必须有一个实际的经验情境作为思维的开始阶段。这里所谓经验，正如我们解释过的，就是一个人尝试做一件什么事，这件事又可以感觉到反过来作用于这个人。上面所说的错误，在于假定我们不考虑情境的某些直接的个人经验，就可以从算术、地理或其他学科的现成教材开始。甚至幼儿园和蒙台梭利教育法，也急于向"不浪费时间"，使学生掌握理智上的成就，因而他们往往忽略——或减少——学生对熟悉的经验材料的直接的、不够成熟的运用，而立即把他们引进表现成人理智上的成就的材料中。但是，一个人无论在什么年龄，接触任何新材料的第一阶段，不可避免地总是属于尝试错误的性质。

教学的各个过程,它们在培养学生优良的思维习惯方面做到什么程度,就统一到什么程度。我们谈到思维的方法,这话固然不错,但是最重要的是我们要知道,思维就是有教育意义的经验的方法。因此,教学法的要素和思维的要素是相同的。这些要素是:第一,学生要有一个真实的经验的情境——要有一个对活动本身感兴趣的连续的活动;第二,在这个情景内部产生一个真实的问题,作为思维的刺激物;第三,他要占有知识资料,从事必要的观察,对付这个问题;第四,他必须负责有条不紊地展开他想出的解决问题的方法;第五,他要有机会和需要通过应用检验他的观念,使这些观念亦已明确,并且让他发现它们是否有效。

爱弥儿

内容提要

《爱弥儿》，是法国资产阶级民主主义者、杰出的启蒙思想家卢梭的重要著作。此书写于 1757 年，1762 年第一次在荷兰的阿姆斯特丹出版。此书出版时，轰动了整个法国和西欧一些资产阶级国家，影响巨大。这部书不仅是卢梭论述资产阶级教育的专著，而且是他阐发资产阶级社会政治思想的名著。

继 16、17 世纪荷兰和英国相继发生的资产阶级革命之后，18 世纪的西欧正处于资本主义经济日益发展壮大，封建社会行将崩溃，更为深刻的资产阶级革命即将到来的时期。这种情况在法国表现得尤为明显。当时，法国是一个落后的封建专制国家，路易十四的"朕即国家"这句骄横的名言，就反映了这种专权状况。封建贵族和僧侣们凭借封建王权和神权对第三等级施加沉重的压迫，使整个第三等级其中包括资产阶级完全处于政治上无权的地位。在经济上，封建贵族和僧侣们拥有大量的土地，控制着财政税收大权，残酷剥削和掠夺第三等级，特别是广大工农劳苦大众。但是，随着资本主义生产的发展，资产阶级的经济实力日益扩大，使它再也不能容忍那种无权状况了。反对封建压迫，推翻君主专制制度，扫除资本主义发展的障碍，成了第三等级的共同要求。卢梭和其他资产阶级启蒙思想家的著作正是反映了这一要求。《爱弥儿》一书则是卢梭通过对他所假设的教育对象爱弥儿的教育，来反对封建教育制度，阐述他的资产阶级教育思想。

卢梭的教育思想是从他的自然哲学观点出发的。按照这种观点，他认为人生来是自由的、平等的；在自然状态下，人人都享受着这一天赋的权利，只是在人类进入文明状态之后，才出现人与人之间的不平等、特权和奴役现象，从而使人失掉了自己的本性。为了改变这种不合理的状况，他主张对儿童进行适应自然发展过程的"自然教育"，教育的目的就是要培育资产阶级理性王国的"新人"。在爱弥儿身上，卢梭就倾注了培育这种"新人"的理想。

卢梭的所谓自然教育，就是要服从自然的永恒法则，听任人的身心的自由发展。因此，他认为，这种教育的手段就是生活和实践，让孩子从生活和实践的切身体验中，通过感官的感受去获得他所需要的知识。他主张采用实物教学和直观教学的方法，反对抽象的死啃书本。卢梭提倡的这种自然教育，在当时学校附属于教会、以宗教信条束缚儿童的个性发展的情况下，应该说是具有反封建的革命进步意义的，他所渴求的资产阶级的"个性解放"，在当时历史条件下客观上也是符合社会进步要求的。他所主张的实物教学和直观教学的方法，尽管十分简单，然而也有某些借鉴作用。但是，卢梭是一个唯心主义的"自然神论者"，他所主张的从儿童的个人爱好和兴趣出发进行教育的"儿童中心论"，他所片面强调的要让儿童从个人活动中求得知识，轻视对儿童进行系统的人类积累的科学文化知识的教育，都为后来流行于资本主义国家的实用主义的教育思想开了方便之门。

与自然教育密切相关的是，卢梭还主张对儿童进行劳动教育和自由、平等、博爱的教育，使之学会谋生的手段，不去过那种依高官厚禄的寄生生活，不受权贵的奴役，自由自在地享受大自然赋予的权利，人人平等，互助互爱。卢梭认为，只有经过这些教育，才能使儿童的心灵免受封建宗教偏见的扼杀，及早地养成支配自己的自由和体力的能力，保持自然的习惯。待他长到成年时，他就会善于选择一个良好的制度，在没有奴役的情况下，经营一小块土地或一个作坊，谋求自己的幸福。卢梭的这些教育思想,对于当时的封建专制教育和宗教教规无疑是有力的批判,对于启发第三等级特别是资产阶级起来反对封建专制的斗争,具有相当大的鼓舞力量。但是,这些教育充其量不过是培养一个自发的小资产者。

正如恩格斯指出的那样:"18世纪的伟大思想家们,也和他们的一切先驱者一样,没有能够超出他们自己的时代所给予他们的限制。"卢梭也是这样,尽管他的教育思想代表着资产阶级的利益和要求,在当时起过反封建的进步作用,但是由于他所处的时代和他自己的阶级局限性,他不懂得阶级和阶级斗争的科学,因而也不懂得自人类划分为阶级以来,教育始终是带有阶级性的,是为一定的阶级服务的工具。正因为如此,他的自然教育理论后来为不少垄断资产阶级教育家所利用,他们把资产阶级教育鼓吹为"超阶级""超政治"的东西,为帝国主义欺骗劳动人民效劳。

本书共分五卷。卢梭根据儿童的年龄提出了对不同年龄阶段的儿童进行教育的原则、内容和方法。在第一卷中,着重论述对2岁以前的婴儿如何进行体育教育,使儿童能自然发展。在第二卷中,他认为2岁至12岁的儿童在智力方面还处于睡眠时期,缺乏思维能力,因此主张对这一时期的儿童进行感官教育。在第三卷中,他认为12至15岁的少年由于通过感官的感受,已经具有一些经验,所以主要论述对他们的智育教育。在第四卷中,他认为15至20岁的青年开始进入社会,所以主要论述对他们的德育教育。在第五卷中,他认为男女青年由于自然发展的需要,所以主要论述对女子的教育以及男女青年的爱情教育。卢梭提出的按年龄特征分阶段进行教育的思想,在教育史上无疑是个重大的进步,它对后来资产阶级教育学的发展,特别是对教育心理学的发展,提供了极可贵的启示。但是应该指出,这种分期以及把体育、智育和德育截然分开施教的方法,是不科学的。

作者简介

卢梭(1712—1778)出生于瑞士日内瓦一个钟表匠的家庭,是18世纪法国大革命的思想先驱,启蒙运动最卓越的代表人物之一。在哲学上,卢梭主张感觉是认识的来源,坚持"自然神论"的观点;强调人性本善,信仰高于理性。在社会观上,卢梭坚持社会契约论,主张建立资产阶级的"理性王国";主张自由平等,反对大私有制及其压迫;提出"天赋人权说",反对专制、暴政。在教育上,他主张教育目的在培养自然人;反对封建教育戕害、轻视儿童,要求提高儿童在教育中的地位;主张改革教育内容和方法,顺应儿童的本性,让他们的身心自由发展,反映了资产阶级和广大劳动人民从封建专制主义下解放出来的要求。主要著作有《论人类不平等的起源和基础》《社会契约论》《爱弥儿》《忏悔录》等。

《爱弥儿》节选

在大自然的指导下,让孩子坚持锻炼,不仅增强了体格,也没有使思想迟钝,反而更容易增强理解能力。我们总是给小孩子穿太多的衣服,这是错误的习惯。

当然,洛克也有一些错误的观点,这里就不一一加以驳斥了。

睡眠可以补偿运动造成的消耗,这是大自然所规定的。所以,孩子要养成日出而起,日落而息的习惯。同时,逐渐培养孩子在任何地方都可以入睡的习惯。能让人睡得香的床,就是最好的床,爱弥儿就是这样。我有时会有意叫醒爱弥儿,不是怕他贪睡,而是让他对什么都能习惯。

我想,无论任何事情,只要我们使用巧妙的办法,就可以让孩子产生兴趣,甚至是热爱,他们活泼的性情、天生的模仿能力、快乐的天性,足以使他们做到想做的一切。

如果我们尽早地让孩子懂得痛苦、疾病和不测是生命中不可避免的事情,就能使他的心灵坚毅而不可征服。从这一点看来,"坚韧不拔"的精神与其他美德一样,是孩童时期必须学习的东西。贵族的教育总是与众不同,他们选择教育科目的原则是:选择最贵的,而不是最有用处的。

比如贵族之家的年轻人都要学习骑马,这是属于贵族的运动。但是,他们当中几乎没有人学游泳,即使这项运动一个钱也不用花。然而,游冰与骑马哪个更实用呢?有人担心孩子学游泳时淹死,但他没有学会游泳,掉到水里肯定会淹死的。只要我们按照量力而行的原则,经常陪他一起渡过危险,孩子会逐步适应的。

针对孩子的特点,首先应该锻炼的部位是感官,这也是最易于为人们所忽略的。锻炼感官,并不是简单地使用感官,而是要学会运用感官去感受,这样才会懂得应该怎样摸、怎样看和怎样听。

有些人简单地认为,运动就是游泳、跑步、跳跃和扔石头等,这些运动只是自然的和机械的,可以用来增强体质,但不能加强孩子的判断。所以,不仅要锻炼体力,还要锻炼指挥体力的一切感官,使每一种感官都物尽其用。下面我将对此加以详细论述。

触觉、视觉和绘画

触觉:触觉遍布于身体表面,好像一个从不休息的哨兵,正是因为有了它,才使我们不断地获取经验。盲人的触觉比我们更加敏锐和准确,那是因为视觉的丧失,只能依靠触觉判断事物的原因。那我要问了,我们为什么不能在黑暗中行走?为什么不能在黑暗中辨别物品?

人的一生中有一半的时间处于黑暗中,谁也不能保证随时会有灯和蜡烛。所以,我希望爱弥儿的手指可以长眼睛,可以像盲人一样面对黑暗。这是可以通过练习获得的。当你在一间黑屋子里拍手,根据回声可以判断屋子的大小和你的位置;当你在船上可以根据风势,判断船行驶的方向和速度。依靠触觉也可以获得许多本应由视觉得来的知识!

黑夜使人恐惧,即使一些动物也不例外。只有少数人依靠理智、判断、精神和勇气才摆脱了恐惧的感觉。这种恐惧感的产生，是自然的原因，是对周围的事物和变化不了解造成的。

如果听见一点声音，就以为是贼；如果什么也没有听见，就以为看见了幽灵。越是这样，反而会想到更多可怕的事情。这时候，要用理智使自己镇定下来，没有什么可怕的东西，又何苦自己吓自己呢？

俗话说"见怪不怪，其怪自败"，所以，当你想医治对黑暗的恐惧心理时，只要经常到黑暗的地方就行了。让小孩子们在夜间做游戏，快乐的情绪会驱散黑暗带来的恐惧。

读者朋友，请原谅我举自己的例子来说明这一问题。

小时候，我寄住在乡下一个牧师家里。我的表兄是他家的继承人，我只不过是一个穷苦的孤儿。大表兄贝尔纳胆子小，我总是拿他开玩笑，吹嘘自己的胆子如何如何之大。牧师想试一试我的勇气。

一个非常幽暗的夜晚，牧师让我去教堂拿讲坛上的一本书。为了证明我的勇敢，我没有拿灯。经过墓园，我大着胆子过去了。开门的时候，我听见屋顶"啊"了几声，我开始动摇了……

门开了，我刚走几步，就被吓得逃了出来。我在院子里看见了小狗，于是就想带着它一起进去，可它不愿意。终于，我鼓足勇气猛地跨进大门，忽然间，我晕头晕脑地辨不清方向了。天哪！这是什么地方？最后，我依靠大门口的微光，终于进出了教堂。

牧师先生的大笑声使我很难为情，他们决定把这个"光荣的使命"交给我的表兄去完成。

就在这一刹那，我恐怖的心情全都消失了，我飞也似的向教堂跑去，一下就冲上讲坛拿到了那本书。当回到家里时，虽然恐惧依旧，但心里却是十分高兴。

今天再看这件事，我发现，像这种略施小计的游戏胜过强迫的命令。现在，我经常在大厅中用桌子、椅子、凳子和屏风布置一个迷宫，在迷宫交错弯曲的道路中放上几个空盒子,其中一个装有糖果,我简单地介绍一下装糖果盒子的位置,就叫孩子一个接着一个地去寻找。当然是在夜里。

当一个小孩子十分神气地拿到一个盒子,打开后却发现里面是小甲虫、一个蜗牛、一块煤或另外的东西时,孩子们都笑起来和叫起来了……

这样的黑夜还有什么可怕的吗?等他们长大后,依旧会想起幼年时夜间游戏的欢乐情景,黑夜除了能勾起快乐的回忆以外,没有什么可怕的。

有些人采取使孩子们吓一跳的办法,消除恐惧黑夜的心理。这是一个错误的办法,只能使孩子更加胆怯。如果有人在黑暗中吓唬爱弥儿,他会遇到有力的还击。我早就告诉过爱弥儿:"你要进行正当的防卫,紧紧地掐住他,狠狠地打……"

视觉与触觉相互弥补,触觉的判断是最可靠的,能纠正视觉产生的偏差。因此,在一切感觉中,由于触觉能使我们获得最正确的印象,所以,使用它的频率最多,也能给我们提供最直接的知识。通过练习,触觉可以代替一些听觉的功能。

在训练时要注意,不要让手的皮肤变得粗糙,使它失去了自然的感觉能力。提倡有节奏的轻微接触,使心灵自然地感知各种各样的变化。

我提倡赤脚行走。爱弥儿可以赤脚跑下楼梯,跑进花园,我是不会责备他的。唯一要注意的是要清除路上的碎玻璃。爱弥儿还要学会跳远、跳高、爬树、翻墙以及保持平衡。我希望爱弥儿与山羊争胜负,而不要他同舞蹈家较短长。

视觉:视觉的作用可以延伸到目力所及的地方,这也正是视觉容易发生错误的原因。视觉总是优先接触到事物,它发挥作用太快,涉及范围太广,导致其他感官来不及加以矫正。

所以,要经过双重的感觉去验证,使视觉器官从属于触觉器官,换言之,就是用触觉器官的稳重去克制视觉器官的孟浪。工程师、测量师、建筑师、泥水匠和画家的眼力一般都比我们看得准,这也是长期锻炼的结果。

有很多办法可以引起孩子们对测量、观察和距离的兴趣。我就不一一举例了。

不采用强迫的做法,教一个懒惰的孩子练习跑步是很大的难题。我是这样做的:

散步的时候,我带了两块他喜欢的点心,在散步时一人吃一块,然后高高兴兴地回去了。下一次,带了三块点心,同时对他声明:那第三块点心是为两个小孩子赛跑准备的奖品,胜者独享。

此后,每当我们散步时,都会多带几块点心。我把路线规定得长一点,让几个孩子都一齐参加。路人都会为他们加油,胜利者得到了奖品和荣誉。这种活动终于使懒惰的小骑士动心了,他开始悄悄地去做活动。当他认为自己够棒的时候,就提出参加比赛的愿望。我做了一些手脚,让他获得了第一次成功。此后,他的兴趣和实力与日俱增,最后凭借真正的实力胜过了其他孩子。这件事还有一个意外收获,随着他获胜次数的增加,他变得大方起来,把得到的点心同其他孩子分享。随着比赛的发展,孩子的目测能力也得到很大的提升。

在所有的感觉中,视觉是与心灵联系最紧密的一种,因此需要花很多的时间去学习,还需要经常与触觉相比较,才能熟练掌握视觉和触觉之间的正确关系。在此过程中,孩子会借助很多工具,但我们不要替他去做。

绘画:描绘物体要遵循配景的法则,要正确地判断物体的大小,要认识它们的形状。孩子们最善于模仿,看见什么东西都想画下来,我的这位学生也要学习这门艺术。我的目的是锻炼他的观察力和手指灵巧性。

对于孩子而言,他创作的对象是大自然,是他亲眼所见的东西,他看到房子画房子，看到树木画树木，遇到人就画人。也许孩子所画的东西都是乱七八糟的，很久以后还不能画出清晰的轮廓和线条。但这就是我想达到的目的，只有这样才能在孩子头脑中形成"比例"的观念，才能增强他鉴赏自然美的能力。在绘画练习中，我会和他一起参加，从质朴笨拙的笔画开始，共同进步，共同享受绘画的乐趣。

从前，我们找不到什么东西装饰房间，而现在有了最好的选择。我们用框子把心爱的图画装起来，并配上玻璃挂在墙上。

从这些画作中可以看到"作者"的进步轨迹：最初画的房子只不过是一个简单的四方形，随着时间的推移，房子的正面、侧面，其比例大小和影子都画得非常逼真，我们不断地享受绘画的乐趣。我们为最初的作品配上最好的相框，确实画得很好的作品反而只镶在一个简单的黑色框子里。因为画作本身的美是不需要装饰的。

我曾经说过，几何学是很难被孩子们理解的，其原因只能怪我们做得不对。我们没有认识到孩子理解事物的方法与成人的不同；没有认识到几何学只能培养孩子观察的熟练程度。要用孩子独有的方法去教育。传统的几何学教育方法是：老师不是在教学生推理，而是替他们推理。

画一些准确的图形，然后拼接、重叠，再探讨它们之间的关系。这样，你不用讲定义、命题或论证的方法，只要反复观察，就可以学会初等几何学。无论如何，我是不会教爱弥儿几何学的。相反，要让他教我几何学，我来寻找表现那些关系的办法，而他去发现那些关系。例如：画圆周的时候，我不用圆规，而是把一根线的一端系在一个固定的轴上，另一端拴一支笔，然后转一个圈……

圆周画好后，我测量这个不标准的圆的半径，结果肯定是七长八短。旁边的爱弥儿笑个不停。这时，他就会告诉我："你应当把那根线拉紧，这样才能画出相同的半径。"爱弥儿教给我几何学的一个知识：从圆心到圆周的半径相同。

爱弥儿就是这样在不知不觉中学会几何知识的。

听觉、味觉、嗅觉和第六感觉

听觉：运动的物体才能发出声音，如果万物静止不动，我们就听不到声音。

我们把视觉同听觉进行比较，就会知道两者之间的区别，比如我们会先看到大炮发射时的火光，这时躲藏还来得及，一旦听到爆炸声，就来不及了，炮弹已经到了我们的跟前。这种经验不会轻易体验，通过体会闪电和雷声之间的区别，孩子们也能懂得这些经验让孩子们学会举一反三，归纳经验，千万不要由你把这些经验告诉他们。与听觉器官相对应的是发声器官，所以，我们培养听觉器官时，要使主动器官和被动器官互相锻炼。

人有三种声音，说话的声音、唱歌的声音和感情的声音。其中，最后一种声音用于表达感情，同时，赋予前两种声音蓬勃的生机。小孩同大人一样，也有这三种声音，这三种声音加以结合就可以创造出完美的音乐，孩子们唱歌没有情感，说话没有声调，原因是他的情感还没有被激发出来，还不能把感情和语言相结合。所以，我们不要教他背诵戏剧台词，甚至连朗读也不必要学习。

在教他说话时，发音要清楚，音节要明显，吐字要准确，确保让孩子听清楚，同时，切不可矫揉造作，嗲声嗲气。

在唱歌的时候，发声要准，声音要稳，柔和而响亮；要他学会听节拍和韵调。能做到这一点就可以了，不要再有过多的要求。拟声音乐和舞台音乐不适合他的年龄段演唱。如果他要唱歌，尽量挑适合他年龄的、有趣的给他，歌词也要像他思想那样的简单。

有人会拿我的观点反驳我，既然你不急于教他识字，为什么要教他识谱呢？

这是因为说话是表达自己的思想，而唱歌则是表达别人的思想，所以就必须认识它。此外，为了能更好地理解音乐，仅仅会唱还是不够的，还要能自己作曲。这样，就会逐步精通音乐。

味觉：在我们的各种感觉中，味觉十分重要且影响巨大。

我们经常对无数的东西熟视无睹，只有在尝到的时候才会引起注意。味觉的属性是肉体的、物质的，在我们所有的感觉中，味觉所包含的想象成分是最轻微的。

那么，是否可以判断味觉是处在一个次要的地位呢？

我的结论恰恰相反。我认为：通过饮食进行教育是很好的方法。口腹之欲比虚荣心要好得多。

贪食是孩童时期的欲念，是自然的属性。但我并不希望大家利用它，不希望用美食作为对良好行为的奖品。

不论你使用什么方法，只要让孩子养成吃粗茶淡饭的习惯，就可以完全放心味觉对孩子的诱惑。

在农民的家里，菜橱和果箱都是打开的，但是无论大人或孩子，并不会因此就得消化不良的病。如果真有十分贪吃的孩子，只要用他喜欢的游戏就可以轻易地分散他的注意力，在不知不觉中改掉他的坏毛病。这是既可靠又容易的办法，怎么会所有的教师都没有想到呢？也许有人会说，一个孩子是不会自动离开餐桌去做功课的！老师，你说得对！不过，我说的是"游戏"而不是"功课"！

嗅觉：嗅觉与味觉的关系，有些类似视觉与触觉。

在对事物感知方面，嗅觉先于味觉。它可以提前告诉味觉将产生的影响，以便按照我们的印象做出决定。

我听说，野蛮人嗅觉的感受与我们完全不同，他们对好与坏的判断也跟我们完全不同。我相信这种说法，因为气味本身给人的感觉是微乎其微的，它触动的与其说是人的感官，还不如说是人的想象力更准确。

嗅觉是属于想象的感觉，由于它使神经受到强烈的感染，因此刺激了人的大脑,使我们感到兴奋。嗅觉在人们的爱好中起着重要的作用。

因此,童年时期不应当使嗅觉过分活动。在这个时期,孩子的想象力还没有受到欲念的刺激,还不容易被情绪所感染,还没有足够的经验凭嗅觉作出判断。

可以肯定地说,大多数孩子的嗅觉都很迟钝,几乎等于没有。不是因为孩子们的嗅觉不如成年人的灵敏,而是由于嗅觉还没有同其他的观念产生联系,无法感受快乐或痛苦的感觉带来的影响,也就无法从中感到快乐或痛苦。

第六感觉:我还要简单地谈谈"第六感觉"的培养。

我把"第六感觉"称为"共通的感觉"。之所以这样说,并不是指人人有这种共通的感觉。"第六感觉"的产生是很独特的,并没有一个单独的器官负责此项工作,它是由几种感觉之间"偶尔相互配合"产生的奇妙的感觉。

"第六感觉"只存在于人的头脑里,这种感觉完全是内在的。我们可以称它为"知觉"或"观念"。我们的知识的广度,可以借助"第六感觉"的多寡做衡量标尺;我们思想的睿智和严密,取决于"第六感觉"的清晰和精密;判断人的智力高下,就是把"第六感觉"互相加以比较的艺术。

由此,我可以得出结论:

感性的理性(孩子的理性):就是把几种感觉组合成简单的观念;

理性的理性(成人的理性):就是把几个简单的观念组合成复杂的观念。

儿童理性的境界

假定我的方法就是自然的方法,而且在应用过程中也没有发生什么错误,那么,我们已经带着学生们通过了感觉的领地,步入了理性的境界。

让我们回顾过去:人生的每一个阶段,都有与之相适应的完善,都有与之相对应的成熟。现在,让我们来看一看"成熟的孩子",这是一个全新的、令人高兴的"人物"。

人生苦短,我们应当生出"幻想的翅膀":

春天,草地吐出嫩芽儿,大自然重返大地,我们的生命也为之复苏,到处都是一片愉快的情景。童年如同人生的春天,多么令人向往……

童年之美,比成年的圆熟更能引起我们的沉思。童年之所以有着迷人的魅力,就在于我们回忆、追溯童年的时候,往往是心情愉快的。

当我们想到一个十多岁的孩子,浮现眼前的如果是他发育良好、健康强壮、每时每刻都在蹦蹦跳跳、没有丝毫痛苦的无忧无虑的样子,我可以毫不犹豫地断定他成年后会是一个思想敏锐、身体强壮的人,我从心里感到喜悦。他沸腾的热血温暖了我,使我返老还童、再获青春。

现实总有与我们的希望发生冲突的情况:一个严峻的人抓住孩子的手,庄重地对他说:"跟我来,孩子。"在他们来到的房间中,我看到了一些书。

的确是书!对孩子而言,书——多么沉重的负担啊!

可怜的孩子被人拉着,但他仍旧依依不舍看着周围的东西,他默默地走了,眼里充满了眼泪,心中充满了怨气……

来吧,可爱的孩子,快离开那个忧郁的人,到我们这里来吧!

他来了,就在他走近的时候,我感到了愉快,他也同样地感到了愉快。在这里等着他的是朋友,是游玩的伙伴。他深信快乐的时光又回来了,他恢复了自信和乐观;他容光焕发、身体健康;他的步伐稳健有力;他的肌肉富有弹性、充满光润;他的眼睛流露着天真的纯净;他永远高仰着头……

有些人喜欢根据孩子的只言片语去预测未来,但结果常常出乎预料。

我的孩子的智慧不会表现在语言上,而是储藏在脑子里。他的表现肯定不会如你所愿：他的记忆力不强；他只会说一种语言；他不懂得人们习以为常的陈规陋习；他绝不会按老套的理念行事；他不怕权威也不遵循先例……

他有适合自己年龄状况的道德概念，你命令他做的事情，是不会被理睬的。如果他需要帮助，他会认为请求一个国王与请求仆人是一样的：所有的人都是平等的。

他自由自在，他始终是自己的主人，他机警、灵敏、神采奕奕，他充满了活力。他绝不做力所不能及的事情，他遇到意外的困难，并不会像别人那样烦恼不休；他遇到危险的时候，也不会感到害怕，他的头脑始终保持冷静，任何时候，他都胸有成竹……

他的游戏就是他的工作，两者之间是没有差别的。他做什么事情时都会兴趣盎然，他到任何地方都显得鹤立鸡群，他虽然不去发号施令，却是实际上的首领……

爱弥儿十二岁了，他进入了成熟的童年时期。幸运的是，他没有牺牲童年的欢乐，他真正处在了一个完美的状态。在他身上，完美和快乐是一体的，他拥有了与年龄相匹配的理性，同时，也尽情地享受了大自然无私馈赠的快乐和自由。

即使发生了重大的意外，我依然可以说："他享受了童年生活，享受了大自然赋予他的一切。"

这样的教育，是极其艰难的，只有眼光深远的人才能明白它的意义。

一、童年的第三个阶段

人在少年期以前，生命还处于柔弱的时期，但是，孩子体力的增长已经超过了他的需要。从绝对意义上讲，他还很柔弱，但从相对意义来说，已经是变强了。也就是说，与成人对比，他还显得柔弱，但相对于孩子的需求而言，已经是非常的强壮了。

人之所以显得柔弱，是由于他的体力与成人之间的不平衡。要满足欲念所花费的体力，比大自然赋予我们的体力要多得多。减少欲念，就等于增加了体力。

现在，童年的第三个阶段到了，接近少年期了，不过还没有到春情发动的时期，所以我依然把它叫"童年"。

十二三岁的时候，孩子体力的增长比需求的增长快得多，他还没有感觉到有什么非常强烈的需要；他对气候和季节的影响感觉甚微；他的食欲决定了有营养的东西都是好吃的；他困倦了躺在地上就能睡着；到处都有他需要的东西；他的体力除了满足成长的需要，还有剩余，这是生命中最珍贵的时期，一生只有一次。如何善用这段时光，是至关重要的。

所以，现在是真正到了教育、学习和工作之时了，这并不是我随意的选择，而是自然规律指导我们去这样做的。

人生有涯而知无涯。人的智慧是有限的，真理与谬误是一枚硬币的两面，有多少个真理就有多少个谬误。

因此，在有限的时间内，面对无限的知识，我们必须做出审慎的选择。我们面对的知识中，充斥着假的、没用的和导致人骄傲自满的部分，真正有益的知识为数很少。总之，问题不在于孩子学到的是什么样的知识，而在于所学知识是有益处的。

仅仅明白这些还不行，我们要抛开那些需要成熟的理解力的，那些牵涉到人际关系的，那些容易使孩子产生错误想法的知识。这样，你就可以把要教的知识，限制在与现时有紧密关系的范围内了。即使这样，从孩子的角度看，仍然是一个很广阔的境界。

要记住，无知不可怕，可怕的是谬误；要记住，人之所以误入迷途，并不是因为无知，而是由于他自以为是。

到目前为止，我们已经掌握了需要的法则，对其他的则是一无所知。所以，接下来就应当是学以致用的问题，而且，不久之后还要上升到怎样用得合理和正确的高度。

随着身体的发育,孩子的体力得到极大的发展,此时,精神的活力也要受到相应的教育。事物的发展是有规律可循的,一开始,孩子们只不过是好动,而后就变成好奇,这种好奇心只要加以很好的引导,就能成为他寻求知识的动力。

教育者所要做的只是区别这一现象是产生于自然,还是产生于社会的偏见。求知欲的产生有两种情况,一种是想成为一名学者,由此获得他人的尊敬;另一种则是对与他息息相关的事物,自然而然地产生的好奇心。

人类渴求幸福的欲望与生俱来,事实上,这种欲望是无法得到充分满足的,所以,人类会不断地寻求满足欲望的方法,这是好奇心的本原,是自然而然产生的,而且,好奇心的发展与我们的欲望的增加以及知识的积累是成正比的。

我们假设一个科学家带着仪器和图书流落到一个荒岛上,只能在那里度过余生。情况会如何呢?我相信,他是不会再去研究天体学、地球引力,或者微积分什么的,甚至,终其一生再也不会看任何一本书的。同时,我也相信,不管那个荒岛的面积多么大,他都会无法控制自己游遍全岛的欲望,哪怕是最偏僻的角落也一定要探个究竟。

这个假设或许可以说明,儿童时期学习的东西中,要抛弃那些不适合孩子天然兴趣的东西,把学习的范围限制在本能需要的知识上。

这个假设的荒岛就是地球,最引人注目的则是太阳。当我们的思想开始超越自我的时候,首先会关注地球和太阳。刚才还只是谈论我们周围的东西,现在忽然要去周游地球,甚至跳到天边去了!这种变化是体力和思想发展的必然结果。

当我们到了年富力强的时候,生命的欲望使我们关注更加遥远、更加神秘的地方。

我们要把"感觉"变成"观念",这是一个教育的过程。最初的思想的活动,完全是感觉指导的,从现在开始,要让学生去观察种种自然现象,不久以后,他就会变得非常好奇。为了培养他的好奇心,我们不能匆忙地去满足他。你可以先提出一些他能理解的问题,由他自己去解答。你不能告诉答案,要让他自己去理解。学问不是教出来的,而是自己掌握的,绝不能让你的学生被他人的见解所左右。

二、孩子的科学研究

你如果教孩子学地理,不要弄来地球仪、天象仪和地图,应当先让他从实物入手,不要让孩子从一头雾水开始。

一个美丽的黄昏,我和爱弥儿去散步,我们看到了日落的壮观景色。第二天清晨,我们又赶到那里,天边刚刚露出一抹鱼肚白。一会儿,它便发出火红的光,随着火光越来越大,仿佛整个天边都燃烧起来了。终于,一个明亮的光电像闪电似的跳了出来,立刻充满了整个天空……

天地万物与太阳交相辉映,一种沁透心灵的清新之感油然而生。面对如此壮观美妙的景色,任谁也不能无动于衷。

但是,我并没有将心中的感受告诉爱弥儿,我的感受并不能代替他的感受。我让爱弥儿仔细观察远处的山脉和附近的景物,让他随意发表自己的感受。我在沉默之后对他说:"我记得昨天晚上太阳是从西边落下,可是今天却从东方升起,这是为什么呢?"

我并不急于让他回答,也不会采取强迫学习的办法。这只是他的第一课。

通过第一次观察,我可以引导爱弥儿进行其他方面的观察,当他可以弄懂白天和黑夜的道理时,就可以逐步地讲解地球的自转、讲日食和月食的道理。虽然这样花费的时间会很多,但这一切是建立在爱弥儿已经明白地球与太阳之间关系的基础上,所以,我花费的精力反而比较少了。

晚间观察天象是很好玩的,我把小熊星座的尾巴指给他看,他很快就熟悉了那些星星，从此对观察星座产生了浓厚的兴趣。

对孩子的教育不要拘泥于方法，无论是分析的方法还是综合的方法，并不是只能两者选其一的，在同一个研究课题中也可以综合两种方法，起到互相验证的作用。举例来说，我教地理首先会把学生居住的地方讲给他。从他居住的城市到他家乡间的别墅，这两地之间的村镇和河流，最后让他把这些都画成一个地图……

现在，大家已经能看出来一般的学生和我的学生之间的差别了！你的学生只能看地图，而我的学生已经能画地图了。

在我的教育观念中，幼年时期要尽可能地"浪费"一些时间，而现在却恰恰相反，我们的时间恐怕还不够。"成年"已经快要敲门了，时间不允许等待，而知识又是无穷无尽的，因此，关键不是要教学生各种学问，而是要培养他学习的兴趣，教他研究学问的方法。这是一切良好教育的一个基本原则。有一点要特别注意，在教育过程中，不要加重他的学习负担。

在普遍的真理中存在共同的原理，通过一条锁链就可以把所有的学科相互联系起来，使之得到相继发展。这是哲学家的研究方法。不过，我们有另外一种完全不同的、强调具体性的方法，通过这个方法，每一个特殊的事物都可以与另外一个特殊的事物相联系，而且，可以透过现象看本质。这个次序可以不断地刺激人的好奇心，大多数成人都按这个次序观察事物，按这个次序观察事物更适合孩子。

通过爱弥儿学习制作和使用罗盘来确定方向的行为，就可以对以上的方面有所了解。

在此之前，我和学生发现琥珀、玻璃和蜡等物体经过摩擦之后，可以产生吸附的功能。有一次在集市上，我们看到一个变戏法的人，他用藏着磁石的面包指挥一只蜡制鸭子，让它在水盆里自由地游动。回来之后，我们也做了一个类似的鸭子，我的学生也在众人面前成功地表演了一回。这里面还有一些曲折的故事,就不啰唆了。总之,我们找到了同指南针相似的东西了。现在,就要开始研究物理了。

根据地球上各个地带温度不同,以及物体热胀冷缩的现象,我们研制出了温度计。

我们把一只玻璃杯倒立水中,发现水竟然进不去,由此,我们得出结论:空气是有阻力的。

根据这些现象,就可以制出气压表、虹吸管等仪器。但我并不是在没有经验以前就开始制作仪器,只是在偶尔有了一个经验以后,制作一个仪器加以证明。

亲力亲为取得的成绩,肯定比从他人学来的观念清楚得多。同时,他会养成不轻易迷信权威的习惯,他会融会自己的思想去创制仪器。我曾经说过,纯理论的知识不适合于孩子,不必叫他去深入钻研理论物理学。探索自然的法则,要从最普遍和最明显的现象开始。

随着孩子智力的发展,他开始有了自主的意识。这时,就要让他研究真正有用的东西,要求他用心,持之以恒。

三、实用法则

所有的人都希望得到幸福,但是,只有有形的物质才能引起孩子的兴趣,幸福是什么样子,他们是不知道的。

孩子感觉到有需求时,他的智慧已经有进步了。这时,他们知道了时间的价值。因此,要让他们合理安排时间,才是重中之重。

不能让孩子遵照别人的旨意去做,除非是有益的事。

当你要求他去做超出他智力范围的事情时,你认为是未雨绸缪之举,恰恰是错误的开始。

你为他装备徒有外表的工具,同时也就意味着让他丧失了人类的万能工具:常识。

如果你尽量教孩子学习有用的知识,你就会发现,他的时间得到了充分利用。真正优秀的老师凭经验和感觉就会知道,只有根据孩子所处的环境,才能清楚地判断哪些东西适合于他的小孩子,知道他会逐步长大成人,他对未来也会有种种想法,但他的想法终究不成熟,这是我们对他施以教育的理由,同时要注意,对于他不能理解的地方,就不让他知道,这也是我在本书中不断证明的教育原理。

当我们的学生知道"实用"这个词的含义后,我们就多了一个管理的手段,一旦他对"实用"的原则稍加实践,这个词就会给他留下深刻的印象。

"这有什么用处呢?"这句问话将会经常出现,对于教育而言,这是一个神圣的问句。在我和爱弥儿之间,这个神圣的问句将会经常出现。每当他问我时,我就会用这个问题反问他。你看,这是一个多么有力的工具,你可以充分利用你的知识和经验,先提出问题,然后解决问题。利用这一方法,巧妙地使学生了解了知识,使他在不知不觉中产生了学习的愿望。

如果你不能对学生提出的问题给予良好的解释,你要诚恳地回答:"我还不能很好地回答你,是我搞错了。"尽管我啰唆了很多,但我还要不厌其烦地再三指出:实用的法则! 实用的法则!

教育过程

内容提要

《教育过程》一书分"引论"部分和继"引论"部分的正文,共五章。其中,四个题目是:《结构的重要性》《学习准备》《直觉思维和分析思维》和《学习动机》。一个设想是关于在教学中怎样最好地帮助教师的问题。下面就分别从"四个题目"和"一个设想"这些方面对本书作一简介。

（一）结构的重要性

在本章,布鲁纳首先提出了学习行为的目的在于:"不但应当把我们带往某处,而且还应当让我们日后再继续前进更为容易。"他认为学习为将来服务方式有二:一是"训练的特殊迁移"。所谓"训练的特殊迁移"是指知识技能之间的积极影响。凡是两者之间有相同或相似的因素,就能产生"迁移",他举例说:"已经学会怎样敲钉子,往后我们就更能学习怎样敲平头钉或削木片。"因为这种学习的"迁移"具有一定的特殊性,所以也叫"特殊适应性"。二是"原理和态度的迁移",所谓"原理迁移",其意是凡在学习中训练中或所学到的一种基本原理都可以作为学习后继知识或问题的基础,也即举一反三、触类旁通,将已有知识应用到后来原理的学习上去,学生应用已掌握的概念、原理去掌握知识、解决问题。例如,学生理解了生物学上的平衡概念,就有助于学习掌握经济学上和政治学上的平衡概念。所谓"态度迁移",即在态度上掌握了某一学科的科研态度和方法以及学习方法,就可从此去学习其他学科,因为这种原理和态度的迁移具有普遍性,因此叫做"普遍的适用性"。

布鲁纳认为,学生所学到的概念,越是基本、普遍,对新知识或新问题的适用性就越宽广。因此他主张"不论我们选教什么学科,务必使学生理解该学科的基本结构",并强调学校课程改革要忠于学科的基本结构。其中,"基本"的意思是指一个观念具有既广泛而又强有力的适用性,即能广泛地适用于新情况,并且进一步获得和增长新知识的基础。他说:"学到的知识越是基本,几乎归结为定义,则它对新问题的适用性就越宽广。""结构"是指事物之间的相互联系及规律。布鲁纳认为每门学科都有它的基本结构,这是必须掌握的科学因素,应该成为教学的中心。

为什么要学习和教授学科的基本结构呢?布鲁纳提出四点理由:

(1)懂得基本原理使得学科更容易理解。

(2)可以更好地记忆科学知识。高明的理论不仅是现在用以理解现象的工具,而且也是明天用以回忆那个现象的工具。

(3)掌握了基本概念或原理,是通向适当的"训练迁移"的大道。

(4)能缩小"高级"知识和"初级"知识之间的间隙。

布鲁纳还指出如果不去学习学科的基本结构,则有三点弊病:

(1)这样的教学,使学生要从已学得的知识推广到他后来将碰到的问题,就非常困难。

(2)陷于缺乏掌握一般原理的学习,从激发智慧来说,不大有收获。

(3)获得的知识,如果没有完满的结构把它联在一起,那是一种多半会被遗忘的知识。

因此,他认为,在知识领域中,要采用一定的简化方法,以便顺利地理解有关知识。所以,必须教授和学习学科的基本结构。

关于课程设计,布鲁纳提出,"必须使任何特定学科的最优秀的人才参加到课程设计中来"。他说:"决定美国史一科应该教些什么或算术一科应该给他们教些什么,这种决断要靠该学术领域里有着远见卓识和非凡能力的人士的帮助才能搞好。决定代数的基本观念以交换律、分配律和结合律的原理为基础,他必须是个能够鉴赏并通晓数学原理的数学家……只有使用我们最优秀的人士，才能把学识和智慧的果实带给刚开始学习的学生。"并且还说："按照反映知识领域基本结构的方式来设计课程，需要对那个领域有极其根本的理解。没有最干练的学者和科学家的积极参与，这一任务是不能完成的。"

同时，布鲁纳指出："即使按照前面指示的方向进行大规模的课程改革，至少还有一件重要的事情留待解决。"他写道："通晓某一学术领域的基本观念，它不但包括掌握一般原则，而且还包括发展对待学习和调查研究，对待推测和预感，对待独立解决难题的可能性等态度。"

上述布鲁纳提出学习的首要目的是"务必使学生理解学科的基本结构"的观点是正确的。因为学生掌握了结构，就获得了运用一个学科的基本概念的能力；然后，学生就可以利用这些基本概念，把它们当作认识和攻克其他问题的基础，其积极意义在于为解决"知识论者"时期的知识需求问题找到了一条途径。

同时，布鲁纳把学生学习和掌握学科的态度及基本方法作为掌握学科基本结构的组成部分。这种见解是正确的。因为教学过程不仅要考虑"教"，而且还要重视"学"。用"认识论者"的一句话说，那就是"学习如何学习"。这就是说要交给学生开启知识宝库的一把灵巧的钥匙。

但也应指出，布鲁纳的结构课程论的提出是有其特殊社会历史背景的，美国资产阶级从 20 世纪 50 年代末，特别是在 1957 年苏联发射人造卫星以后，为了与苏联争霸，锐意"改革"中小学数学及其他自然科学课程，试图培养大批科技人才，然而，当时的课程改革在实施中效果并不太好，因为内容加深，使得很多学生跟不上而被淘汰，引起人们的批评。这种由学者、科学家参加编写的课程脱离中小学师生的实际水平，成为导致 20 世纪 60 年代后期美国学生学业成绩下降的原因之一。

（二）学习准备

在这一章里，布鲁纳提出了一个"思考课程本质的一个必要的假设",他说:"任何学科的基础都可以用某种形式教给任何年龄的任何人。"他为了论证这个假设,先从儿童智慧的发展来考察。

在儿童智慧的发展上,书中直接引用了皮亚杰等人的研究。他把儿童智慧发展划分为三个阶段:(1)学前期阶段——从5岁到6岁。这个阶段又称"前运算阶段"(就数学而言)。这个阶段儿童的脑力劳动主要是建立经验和动作之间的联系。他们关心的是依靠动作去对付世界。其特点是通过尝试失败来纠正他的活动,主要是依靠直观的调节。(2)学龄初期阶段——从7岁到9岁。这个阶段又称"具体运算阶段",这个阶段叫做"具体运算阶段"是同前一个阶段相比较而言的,这一阶段的儿童能记取现实世界的资料而在头脑里加以改造,并且在解决难题时能够有选择地组织和运用这些资料赋予遇到的事物以一定的结构,但他们还不能够轻易地处理那些不直接在他们面前或事前没有经历过的可能发生的事物。(3)发展期阶段——从10岁到14岁。这个阶段又称"形式运算阶段"。这个阶段的儿童的智力是以一种根据假设性命题去运算的能力为基础,不再局限他经历过的或在他面前的事物,而是想到可能有的变化,甚至会推演后来通过实验或观察得到证明的潜在关系。布鲁纳指出,五年级儿童虽然不会描述规则,但是他们能够仿照高等数学规则玩"数学游戏",还能学会怎样利用它们来工作。

布鲁纳从儿童智慧发展的研究中突出了这个事实:"在发展的每个阶段,儿童都有他自己的观察和解释世界的独特方式。给任何特定年龄的儿童教某门学科的任务,就是按照这个儿童观察事物的方式去表现那门学科的结构。"他说过,"儿童智慧的发展不是像时钟装置那样,一连串事件相继出现;它对环境,特别对学校环境的影响,也发出反应。因此,教授科学概念,即使是小学水平,也不必奴性地跟随儿童认知发展的自然过程,向儿童提供挑战性但是合适的机会使发展步步向前,也可以引导智慧发展"。

布鲁纳还认为,学习任何一门学科,常常有一连串的学习节目,每一个学习节目都涉及知识的获得、转换和评价这样三个"学习行为"的过程,所谓获得往往是先前知识的重新提炼;转换,则是处理知识使之适合新任务的各种方式的过程,使之学得更多的知识;评价,就是通过实践来检验所获得的知识是否正确。他认为,如果学习节目安排得包含三个差不多同时发生的行为过程,就可以反映以前学过的东西,搞清楚旧知识和新知识之间联系的脉络,举一反三,从而超过以前的学习效果。此外,他提出"一门学科,在它的教学过程中,应反复回到它的基本观念上去,以这些观念为基础,直至学生掌握了与这些观念相伴随的完全形式的体系为止"。

布鲁纳主张学科内容的安排上,应该是"螺旋式课程"。

布鲁纳基于以上的见解,他认为"给任何特定年龄的儿童教某门学科的任务,就是按照这个儿童观察事物的方式去表现那门学科的结构",使之能有效地教给任何发展阶段的任何儿童。他说,所需要的是将教材按照儿童能够理解的方式表达出来。如果将物理学和几何学的基本概念,通过儿童熟悉的材料,用简单通俗的语言表达出来,那么,幼儿也可以理解这些概念。这就是说,如果,学习按照儿童理解的水平依次排列,那么,儿童总是做好了学习的"准备"。为了说明上面这个问题,他举例说:小学四年级学生也能学习"集合论",玩"受拒朴学"和"集合论"原理指导的游戏甚至会发现新的定理。像投影几何学概念是一个比较复杂的概念,如果在教学中能用儿童自己能触摸到的具体材料来学习概念,那么,它就"完全可以为7到10岁的儿童所接受"。

布鲁纳提出了学科基础早期教学可能性,这一思想是十分可贵的。它为学前教育、学龄初期教育的研究和改革提供依据,拓展思路。但是,他的"任何"学科基础知识可以教给"任何"年龄的学生的问题,因为还没有实验结果和其他资料说明,所以问题并未完全解决,而是给教育家提出了一个重大的课题。

(三)直觉思维和分析思维

关于直觉思维和分析思维的问题,布鲁纳指出:"过去,在教学中只注意发展学生的分析思维能力,今后应重视发展直觉思维能力。"布鲁纳的"直觉思维"与"分析思维"不同,"它不是以仔细的、规定好的步骤前进为其特征的",它是"倾向于从事看来是根据对整个问题的内隐的感知的那种活动"。实际上,"直觉思维总是以熟悉牵涉到的知识领域及其结构为根据,使思维者可能实行跃进、越级和采取捷径,多少需要以后用比较分析的方法——不论演绎法或归纳法,重新检验所作的结论"。其价值一个人在学习与工作中,可以通过直觉思维而"实行跃进、越级和采取捷径"而使问题获得解决。因此,布鲁纳认为,在教育工作中,应该"尽可能从最早年级起便开始发展学生的直觉天赋"。同时,他要求"对几何学有着良好直觉感的学生,以及有本领发现证明方法而不只是去验算向他们提出的证明是否确实或记住这些证明的学生,需要多多注意他们的发展"。

从布鲁纳知识的基本结构与直觉思维的关系来看,布鲁纳认为,在各门学科的教学中,直觉思维都有它的"效用"。布鲁纳举例说,"历史学家在探索他的学科时,沉重地依靠直觉程序,因为他必须选择有关联的事物。他并不试图查明或记录某一时期的全部事情;他自己只限于去发现或预知有成果的各种论据,这些论据结合起来,就能使他明智地猜想还发生过什么别的事情"。

布鲁纳认为,应该承认直觉思维和分析思维之间的关系是相互补充,相辅相成的关系。他说:"……一旦直觉方法获得可能的话,就应当用分析方法进行验核;同时,把它们看作这种验核的有价值的假设。"这就是说,直觉思维有待于分析思维来进行检验证明其价值的假设。这是科学家、艺术家在创造发明时常有的思维活动。具有较强直觉思维能力的学生可以看成人才。

布鲁纳强调直觉在学习上的重要性,这无疑是正确的。因为许多发明、发现和创造,开始常常是在解决问题过程中由直觉思维猜出正确答案,然后再用实验和抽象思维去证明。所以,布鲁纳主张在教学中要采取有效的方法帮助儿童形成直觉思维能力;要发展学生的自信和勇气去培养有效的直觉思维能力;要鼓励学生去猜想,促使直觉思维向合理程度发展;要创造必要的学习条件,使儿童产生某种直接感受,为学习某门学科奠定基础。

(四)学习动机

在这章"学习动机"的论述中,布鲁纳认为,"学习的最好刺激,乃是对所学材料的兴趣,而不是诸如等级或往后的竞争便利等外来目标"。他主张不宜过分强调外来动机,而应努力使外来动机转化为内在动机。在这里,布鲁纳就提出了要"增加教材本身的趣味性",很好处理动机问题。在布鲁纳看来,学生可以划分为天才、中等和迟钝三类。他认为"教学应该以中等学生为目标"的想法是个"不适当"的公式。教育的目标要追求优异的成绩,同时也承认我们必须要培养有参差不齐的才能的人。为了要给每个人提供一些东西,要探求的是"计划一套向优秀学生挑战的材料而不破坏那些不很幸运的学生的信心和学习意志"。这无疑是一个面向全体学生的教材,因而也就最能使各类学生的学习的积极性行动持久。同时,布鲁纳要求把"必须要说的东西转化成为适应儿童的思维形式"。其中主要增加使学生有"新发现"的感觉。强调"发现学习",要求学生利用教材与教师提供的某些材料,亲自发现应得的结论或规律,在学习中成为"发现者",并且,使学生具有"自我奖励"这种独立自主的学习。这样,从学习动机这个角度来看,就可以使"外来学习动机"向"内在学习动机"转移。他不赞同过分强调"奖优制度",他说:"奖优制度对进行教育的环境,可能发生一些不良影响,尽管我们如果预先计划,有可能控制它们。"

总之，布鲁纳认为，学习动机在一个旁观时代中必须防止被动状态。必须尽可能建立在唤起对所要学习东西的兴趣的基础上，它的表现必须保持广博和多种多样。奖优制度和新的竞争形式的危险信号已经是明显的了。

(五)教学辅助工具

布鲁纳认为，即使广泛使用教学辅助工具，教师在教学过程中仍然成为主要的辅助者。他阐述了近年来随着科技发展，教学手段逐渐现代化。但是很清楚，机器不是将要代替教师——实在，如果教学中比较麻烦的部分能够委之于自动装置，可能会引起更多和更好的教师的需要。这就是说，利用各种形式多样装置的辅助工具来教什么，怎样教，如果没有优秀的经验丰富的教师参加是无法完成的。

同时，布鲁纳还指出，教师不仅是传播者，而且还是模范。他说："看不到教学的妙处及其威力的教师，就不见得会促使别人感到这门学科的内在刺激力。不愿或不能表现他自己的直觉能力的教师，要他对学生要鼓励直觉，不大可能有效。"还说："教师也是教育过程中的直接个人象征，是学生可以视为同自己一样，并拿来同自己做比较的人物。"这都说明了教师直接影响着学生思想品德的形成和精神面貌的好坏。

布鲁纳要求教师应善于选择与运用教学方法。在谈到关于运用"发现法"时，他要求教师妥善地安排教材的"序列"，进行大量的熟练活动，促使儿童能依靠自己有所发现。在布置作业时，应采用各种方法，可以保留儿童力所能及的那部分课题不予解答，儿童依靠自己的能力是会认识那些原理的。总之，教师为了传授知识和发展学生的智力，不仅要具有渊博的学识，而且要善于运用各种教学方法。

综上所述，布鲁纳《教育过程》一书，就教(或学)什么，什么时候教(或学)，怎样教法(或学法)诸问题提出了重要的见解，如学科的结构性与连续性，儿童学习的主动性，早出人才、快出人才的可能性等等。但是，布鲁纳断言任何学科的知识，都可以运用某种形式，有效地教给任何年龄的任何儿童；他过分强调，知识的抽象化、理论化，忽视知识的实际应用；他强调学生的"发现行动"和科学家的基本相同等等观点，并不可取。

全书主要是"按照结构主义表达知识观"和"按照直觉主义表达研究认识过程"的。书中所提及的有关教育内容、教育方法的理论都是经过实验假设所验证的结论。它围绕着课程改革这个主题提出了一种大胆的、坦率的和新颖的理论，其主要有四个中心思想和一个设想。它们是：

（一）学习任何学科，务必使学生掌握这一学科的基本结构。

布鲁纳认为，"每一代人对于如何设计他这一代人的教育，都有一种新的愿望。正在形成作为我们这一代标志的，可能是广泛地重新出现的对教育质量和智育目标的关切……"如何提高教育质量，智育的目标是什么？这是摆在 20 世纪 50 年代美国教育工作者面前的一个重大课题。特别是，随着科学技术的迅猛发展，学生要想在有限的学习期间，掌握人类创造的全部文化科学财富更是不可能的情况下，重新设计"这一代人的教育"的重任，便历史地落在了布鲁纳他们这一代人的身上。

布鲁纳继承和发展了"结构"主义的基本主张，提出了所谓的"结构主义教育"思想。他强调指出："不论我们选教什么学科，务必使学生理解该学科的基本结构。"

布鲁纳认为，知识总是有结构的，知识是人们对于客观事物构造的一种主观模式。合理的知识在于主观模式或者说结构能与客观事物相符，能很好地说明事物。既然知识是由人来构造的，那么就应为学校的课程设计最好的知识体系。他所指的"学科的基本结构"也就是该学科的基本概念、基本原理以及它们之间的关联。布鲁纳在解释学科的结构时，举了 3 个例子来加以说明。例如，数学中的解方程。布鲁纳注意到，代数学就是把已知数同未知数用方程排列起来,从而使未知数成为可知的一种方法。在求解未知数过程中,可以运用三个基本法则:交换律、分配律和结合律。学生一旦掌握了这三个基本法则所体现的思想,他就能认识到,所要求解的"新"方程式完全不是新的。它不过是一个熟悉的题目的变形罢了。在布鲁纳看来,学习结构不过就是学习事物是怎样相互关联的罢了。

学科的基本结构到底有什么作用呢?它的作用很多,但归纳起来有两点:(1)"单纯化":它可以把错综复杂的教材内容"单纯化"。这种单纯化可以给我们带来经济性的效果。例如,落体运动单纯化后,可以以公式来替代,它可以用来求自由落体的下落距离。这使学习者容易理解和记忆。(2)"迁移":它可以使学习者具有一定的"迁移"能力,在今后的学习中易于举一反三,扩大对学习内容的理解。

布鲁纳在《教育过程》中总结出了四点作用:(1)理解了基本原理就可以使学科更易于理解;(2)对人类记忆的研究表明,一件件放进构造很好的模式里的东西更容易记忆;(3)领会基本的原理和观念是迁移的基础。布鲁纳指出:"把事物作为更普遍的事情的特例去理解——理解更基本的原理或结构的意义就在于此——就是不但必须学习有特点的事物,还必须学习一个模式,这个模式有助于理解可能遇见的其他类似的事物";(4)经常反复检查中小学教材的基本特性,能缩小"高级知识"和"初级知识"之间的差距,以解决由小学至大学进程中碰到的部分困难。

(二)"任何学科都能够用在智育上是正确的方式,有效地教给任何发展阶段的任何儿童"。

布鲁纳在强调学习学科的基本结构的同时,又提出了上述这个大胆的假设,从而表明了他对儿童的早期教育的鲜明立场。

布鲁纳强烈感到,过去10多年的经验指出这样一个事实,即美国的学校也许因为以过分困难为理由,把许多重要学科的教学推迟了,因而浪费了宝贵的岁月。因此,他提出了上述假设,其目的在于强调一下在课程设计时常常被忽视的一个重要的观点,即"处于一切自然科学和数学的中心的基本观念以及赋予生命和文学以形式的基本课题,它们既是简单的,又是强有力的"。他还认为,要想掌握并有效地运用这些观念,就需要不断地加深对它们的理解,而这种理解是通过在越来越复杂的形式中学习运用它们而获得的。这也就是说一门课程在它的教学过程中,应反复地回到这些基本观念,以这些观念为基础,直至学生掌握了与这些观念相适应的完全形式的体系为止。

布鲁纳的这一思想是与他结构主义思想有着内在的联系的,也与近年来儿童身心发展均有"成熟加速化"的趋势有关。他以其关于儿童认知发展阶段的理论为基础,从3个方面论证了儿童早期学习的可能性。

1.智力的发展。布鲁纳认为,关于儿童智力发展的研究可得出这个事实,即在发展的每个阶段,儿童都有他自己的观察世界的独特方式。那么教给任何特定年龄儿童某门学科,其任务就是按照这个年龄儿童观察事物的方式去阐述那门学科的结构。其实,这个"任务"也可以看作是一种翻译工作。然而,这个假设能否成立呢?布鲁纳又给出了所谓经过"深思熟虑的判断"作为必要性的前提,即"任何观念都能够用学龄儿童的思想方式正确地和有效地阐述出来;而且这些初次阐述过的观念,由于这种早期学习,在日后学起来会比较容易,也比较有效和精确"。

为了支持这个论点,他对智力的发展做了描述。布鲁纳的认知发展论,基本上是继承了皮亚杰学派的学说。不过,他在作了许多精巧的实验,又汲取了现代语言等学科的成果后,提出他自己的认识。他认为,智慧发展的阶段是连续的、相继的,就性质而言,发展既有量的增长,也有质的变化。一般由动作向意向再向符号不断地演变,第一阶段为动作式再现表象;第二阶段为肖像式再现表象;第三阶段为符号式再现表象阶段。布鲁纳承认发展阶段与年龄有关,但他也相信只要向儿童提供合适的机会,也可以引导智力发展。他自己举例说,教小学一年级学生掌握微积分初步也是可以的,只不过在这里学过的微积分初步将是未来系统学习微积分的重要基础。

2.学习的行为。布鲁纳认为,学习包含3种"几乎同时发生的过程",即:(1)新知识的获得;(2)转换;(3)评价。新知识往往与以前学习的知识不一致,或是它的替代。也可能是以前知识的精练。转换是学习的第二个方面,它是处理知识使之适合新任务的过程。转换一般涉及处理知识的各种方法,如外插法、内插法或变换法。评价是学习的第三个方面,它要核对一下处理知识的方法是否适合这个任务。布鲁纳感到,学习任何一门学科都常常有一连串的情节,每个情节涉及获得、转换和评价三个过程。一个学习情节时间可长可短,包含的观念可多可少。我们可以通过控制学习情节来安排教学,以适应学生的学习能力和需要。通常一个人越是具有学科结构的观念,就越能毫不疲乏地完成内容充实和时间较长的学习情节。对于儿童,布鲁纳认为,现在还没有适用的常模,特别是关于他们学习情节是如何形成的,也许有更多需要探讨之处。

3."螺旋式课程"。按着布鲁纳的设想,课程的编制方式应采取"螺旋式课程"。他认为,学科的教学应该尽可能早开始,并要采用智育上正确的形式,而且还应同儿童的思想方式相符。另外,要让这些课题在以后各年级中扩展、再扩展,这也就是说,课程设计及教材编排不仅要依据儿童认知发展的程序和特点,而且还要遵循每门学科基本概念或原理的连续性,使教材成为一套螺旋式的课程系统。

(三)强调直觉思维的重要性。

布鲁纳认为,人们对直觉思维的了解较之分析思维要少得多。一般来说,分析思维是以一次前进一步为特征的,步骤是明显的。在这种思维过程中,人们能比较充分地意识到所包含的知识和运算。而直觉思维则迥然不同,它不是以按仔细、规定好的步骤前进为特征的。"直觉就是直接地了解和认识",它总是以熟悉牵涉到的知识领域及其结构为根据,使思维者可能实行跃进、越级和采取捷径。而直觉的正确或错误最后取决于通常的证明法而不取决于直觉本身。直觉思维一般具有三个特点:

1.不确定时地的感知。直觉思维是对客观事物的某些部分尚未分明的情况下对整个事物的感知。也就是有人说的第六感的感知,或"灵感"。直觉思维不是"感性",它是对事物深奥的构造的感知,是属于对本质的感知。直觉思维也是思维的一种,一般来说,它先于理论的分析思维。因为对任何事刚接触就用分析思维去思考是相当困难的,一般是直觉思维先接触,然后才是分析思维。

2.多数采取形象的形态。直觉思维多数是采取朝气蓬勃的形态作为形象而思想出来的。从行动的掌握为出发点,而后经由形象的掌握最后至符号的掌握的三个阶段,是人从幼儿到青年的宏观成长过程,也是数小时中的微观的思维过程。

3.非语言的过程。形象本身具有非语言的特点,而直觉思维多数又属于形象的掌握,所以较难将其语言化。另外,直觉思维多属闪电式或跳跃式的思维,它是一种深层的知觉,所以思维者很难向人说明是采取了什么程序达到了思维的结果的。

鉴于教学中忽视直觉能力培养的状况,布鲁纳指出,直觉思维和分析思维是相互补充的,它也是解决问题的重要技术和技巧。布鲁纳虽然感到对如何培养直觉思维知道甚少,但还是提出了几种培养途径:

1.应给予直觉思维以适当的地位。学校教育应多鼓励培养直觉思维的学习方法,具体措施有:(1)在自由的课堂学习气氛中,鼓励儿童多做推测问题,但不过分追究推理的理由;(2)培养学生的自信心和勇气,以做冒险的直觉思维;(3)教师不必拘泥于儿童的成功与失败,外部的赏罚作用大都会阻碍直觉思维的形成。

2.提供教材的结构。因为直觉思维是事物构造的感知,学校教育应提供教材的结构,否则是不利于学生直觉思维的。

3.描绘丰富的图像。提供了教材结构以后,在指导上应注意形成丰富的图像,并防止过早的语言化。因为直觉思维本质是形象,其过程是非语言的。

4.鼓励有组织的推理。直觉思维就是一边组织部分材料,一边要活用材料,而在这种活动中去感知各种事物构造的全貌。因此,从组织部分材料的推理到感知全貌的过程中的指导,都是非常重要的。

5.活用发现法。根据部分信息进行推测时,让儿童进一步训练运用发现技能,这有助于直觉思维的形成。但这些发现的技能不应作形式的训练,因为它反而会阻碍直觉思维的潜能的能动性。应让儿童在自发的思考中去获得或熟练,这才是增进直观思维的有效方法。

(四)强调内部动机的重要性

对于促进学习过程的真正动力这个问题,以前的心理学家都非常强调外在的动机。他们认为,在一定的时间,有顺序地提供食物或给予赏罚等外在报酬,则可产生预期的学习行为结果。而布鲁纳则强调内在的动机,认为这是促进学习的真正动力。所谓内部动机,是要在学习本身找出其根源和报酬。它所要求的报酬就是对该活动有好的成绩者,给予一种满足感或愉快感,或是对其活动过程给予喜悦。

布鲁纳主张,应激发学生的内在动机。他感到运用奖赏或竞争等外在动机的收效是有限的,也是不能保持长久的。他认为,近年来美国心理学家怀特极力批评使用赏罚为学习动力的外在动机学说,是一件重要的事。

因此,布鲁纳主张围绕兴趣组织儿童学习,认为最好的学习刺激,是对所学材料的兴趣,而不是诸如等级或往后的竞争便利等外来目标。增加教材本身的趣味,会使学生有新发现的感觉。然而,怎样才能激起学生对学习本身的兴趣呢?布鲁纳感到这是一个值得思考的问题。下面我们首先来谈一下内在动机的种类。

一般来说，内在动机主要有以下四种：(1)好奇心。可以说是内在动机的原型。即当我们接触到不明确事物或未完成的事态时，就会引起好奇心。这时受好奇心的驱使，探索未知的行为过程或结果，可使人获得满足感；(2)上进心。在很多情况下，儿童由于技能的进步或解出难题等而会产生喜悦之感；(3)羡慕憧憬理想人物。儿童常以父母或教师为理想人物，常想长大以后成为像他们一样的人。这种想提高自身，憧憬理想人物的愿望，也是学习的内在动力；(4)朋友之间的相互作用。布鲁纳所列举的第四种内在学习动机就是"相互作用"。即与朋友之间相互合作协助下完成自己的理想目标。

能引起内在动机的刺激特点一般有"新奇""惊奇""复杂""趣味"和"矛盾"等等。它们一般可以引起学生内在的动机，引起学生思考。

布鲁纳在强调内部动机的重要性的同时，批判了分数主义、竞赛主义。他还指出了奖优制度对进行教育的环境会产生一些不良的影响，像一个比较常见的后果——过分强调考试的成绩。

(五)关于教师、教学装置在教学过程中的作用，按着布鲁纳的说法，《教育过程》这本书主要"集中于四个题目和一个设想，即结构、准备、直觉和兴趣这四个题目，以及在教学工作中怎样最好地帮助教师这个设想"。为什么会出现一个设想呢？原来，在伍兹霍尔会议上，人们相当多地讨论了教学装置以及教师在教学中可以采用的其他装置。然而，在这个问题上意见很不一致。尽管人们基本上都同意，"教学的主导者是教师，而不是教学装置"，但是，在如何去帮助教师这一点上，是比较重视教师本人，还是比较重视教师所采用的教学辅助工具，产生了意见分歧。一种意见认为，在如何讲述某一学科以及采用何种装置的问题上，教师必须是唯一的和最后的主宰者；另一种意见则认为，教师应是讲解员和注释者，去讲解和注释通过装置准备好的材料。会议上针对这个问题出现了激烈的辩论。本书的最后一部分专门讨论了这个问题。

在这个问题的讨论中,实际上突出地涉及教师在教学过程中的作用问题。布鲁纳针对这个问题,阐述了他独到的见解。

布鲁纳十分重视教师在教学过程中的作用,认为,"在我们学校实践中,教师在教学过程中,仍然是主要的辅助者。"同时,他也看到,"教师不仅是知识的传播者,而且是模范。"教师的模范作用直接影响到他所教的学生能否感受到这门学科的内在刺激力,也影响到了他的学生是否肯冒风险,大胆地去设想,去运用直觉思维。另外,他还认为,教师也是教育过程中最直接的有象征意义的人物,是学生可以视为榜样,并拿来同自己做比较的人物。

布鲁纳虽然看到了教师在教学过程中的神圣不可动摇的地位,但又不无忧虑地指出,不管教师是否采用其他的辅助工具,传播知识在很大程度上依靠人们精通所要传播的知识。因此,必须要提高教师的质量。为了使教师成为知识的传播者、榜样和典型人物,除了采取一些提高教师质量的措施外,如改善新生的招收、对年轻教师进行在职培训等措施,很重要的一点就是要让教师灵活地运用各种装置,因为这些装置可以"扩大经验、阐明经验,并使经验含有个人意义"。

布鲁纳感到,近年来,教育中讨论的一个热点就是议论如何利用装置来辅助教学过程。他认为,可用的装置种类很多,但主要有三种:(1)替代经验的装置;(2)有利于掌握现象根本结构的装置;(3)引导学生理解他所看到的事物的概念化结构的装置,另外,从另一个角度来看,如果把这三种类型范围内的辅助装置称之为模型装置的话,那么还有一种装置,布鲁纳称之为戏剧式装置。

在强调装置的重要性的同时,布鲁纳也看到,装置本身并不能决定自己的目的,而且如果好的装置不能同教学的其他技巧联系起来,就可能使人们陷入极端的被动局面。当然,如果仅仅把教学限制在一成不变的课堂讲述中,只辅以传统的教科书,就会把生动的学科弄得呆板沉闷。

因此,布鲁纳十分强调教师与教学装置的密切结合,认为,如果开发辅助工具时考虑到教学的目的和要求,教师和教学辅助工具不需要、也不会发生冲突。

布鲁纳在《教育过程》一书中体现的教育思想具有它的时代性和科学性,他以其独具一格的教育主张,对美国60年代的教育改革乃至世界上许多国家的教育改革产生了巨大的影响。他的《教育过程》于1960年发表后,一个声势浩大以课程改革为中心的现代化教育改革立刻在美国中小学广泛而深入地开展起来。随之而来的其他一些国家也轰轰烈烈开展起教育改革运动,像日本、英国、法国、苏联等等。这种全球性的教育改革运动在教育史上是史无前例的。

然而,这场声势浩大的运动并没有持续很长时间。不久,人们便逐渐发现,自从改革后美国中小学学生的学习成绩不仅没有提高,反而下降了。这不能不引起人们的忧虑和不满。从60年代中期开始,一场自发的群众性的"回到基础上去"的运动便逐渐兴起,到60年代末70年代初达到高潮。人们把美国教育出现的问题都归结为教育改革造成的,以致这场改革运动被迫宣布停止。美国的新数学研究小组在一片谴责声中解散了。尽管布鲁纳所倡导的课程改革遭到了失败,但他对教育理论和实践所起的有益的推动作用是不可磨灭的。

作为一名心理学家,布鲁纳运用结构主义哲学思想和认知心理学的理论来探讨教育问题,为教育理论的科学化开拓了新的道路。他提出的知识的结构理论,强调了学生掌握知识的基本概念、基本原理的重要意义。另外,他主张发展学生的智力,重视直觉思维;强调发现法教学、螺旋式课程编制;以及重视教师在教学过程中的作用等思想和观点都能给人以有益的启示和具有一定的科学价值。至今,这些思想和观点仍然是教育理论中的宝贵财富。

布鲁纳的教育思想和主张也具有一定的局限性。首先,他所强调的学科的基本结构混淆了学科与科学的界限,忽视了科学家的发现过程与学生学习过程的重大区别。因而片面强调知识的理论化和现代化,追求科学本身发展的需要,而对学生能否接受和理解缺少考虑。致使编出的教材只适合少数尖子学生,像"新数学教材"有3/4的学生接受不了,出现了"学生难学,教师难教"的现象。其次,强调发现法,但对发现法具体实施中的困难估计不足。特别是忽视学生在个性、能力、知识水平等方面的个别差异,只能给学习已遇困难的学生带来更多的自卑和厌学的心理。最后,强调各学科优秀人物参与课程设计的必要性,但有片面夸大这一措施的意义的倾向。这些优秀人物虽然熟悉某门学科,能把握这门学科的基础知识和基本技能,能给中小学教材带来新的内容,但是由于他们一般对中小学的课堂教学没有亲身体验,缺乏教学经验、缺乏对儿童心理特征的了解,所以编出的教材往往偏重学科的科学性,忽视儿童的可接受性,从而导致教学质量的降低,大批学生落队。

总之,布鲁纳的教育思想既有它的时代性、科学性的一面,也有它绝对化、片面性的一面。当然,他的思想也是在不断地发展着。在1971年发表的《教育过程再探》中写道:"十年以后,我们才认识到《教育过程》乃是革命的开端,人们还无法估计它将走得多远。课程的改革是不够的,学校的改革大概也是不够的。"这也许道出了教育改革的长期性、复杂性和艰巨性,以及人的认识的历史局限性及其发展性。

作者简介

布鲁纳是美国心理学家,哈佛大学教授,哈佛"认知研究中心"的创立者。在1962—1964年间,他曾任美国白宫教育委员会委员,普林斯顿公共舆论研究所副所长。他最初研究公共舆论,后来转为研究心理学和教育方面的内容。在他的众多著作中最重要的最有影响的是《教育过程》一书。

1959 年，美国全国科学院召开的一次有 30 多位科学家、心理学家和教育学家参加的中小学教学改革讨论会，布鲁纳担任了会议主席，此书就是他在这次会议上所作的总结报告。该书出版后，不仅直接指导了当时美国中小学的教学改革，而且也影响到其他国家的教学改革，现在此书已被译成 23 种文字，我国于 1973 年有了它的译本。

《教育过程》节选

任何学习行为的首要目的，应该超过和不限于它可能带来的乐趣，而在于它将来为我们服务。学习不但应该把我们带往某处，而且还应该让我们日后再继续前进时更为容易。学习为将来服务有两种方式。一种方式是通过它对某些工作的特殊适用性，而这些工作则同原先学做的工作十分相似。心理学家把这种现象称为训练的特殊迁移；也许应该把这种现象称作习惯或联想的延伸。它的效用好像大体上限于我们通常所讲的技能，已经学会怎样敲钉子，往后我们就更能学习怎样敲平头钉或削木片。毫无疑问，学校里的学习创造了一种可以迁移到以后不论在校内或离校后所遇到的活动上去的技能。先前的学习使日后工作更为有效的第二种方式，则是通过所谓非特殊迁移，或者说得更确切些，原理和态度的迁移。本质上，一开始是学习一个普遍的观念，而不是学习技能，然后这个普遍的观念，可以用作认识原先所掌握的观念的一些特例的后继问题的基础。这种类型的迁移应该是教育过程的核心——用基本的和普遍的观念来不断扩大和加深知识。

由第二种类型的迁移，即原理的迁移所产生的学习连续性，有赖于精通教材的结构。这就是说，一个人为了能够认识某一观念对新情境的适用性或不适用性，从而增加他的学识，他对所研究的现象的普遍本质，必须心中有数。他学到的观念越是基本，几乎归结为定义，则它对新问题的适用性就越宽广。真的，这几乎是同义反复，因为"基本的"这个词，从这个意义上来理解,恰恰就是一个观念具有既广泛而又强有力的适用性。学校课程和教学方法应该同所教学科里基本观念的教学密切地结合起来,当然,这样声明是够简单的。但是随着这样的声明而来的问题却不少,其中多数只能靠大量的进一步的研究工作去解决。我们现在转而讨论这方面的一些问题。

首要的和最明显的问题是怎样编制课程,使它既能由普通的教师教给普通的学生,同时又能清楚地反映各学术领域的基本原理。这个问题是双重的:第一,怎样重编基础课和改革基础课的教材,给予那些和基础课有关的普遍的和强有力的观念和态度以中心地位;第二,怎样把这些教材分成不同的水平,使它同学校里不同年级、不同能力学生的吸收力配合起来。

关于忠实于教材的基本结构的课程设计,过去若干年的经验至少已得出一个重要的教训。这个教训就是,必须使任何特定学科的最优秀的人才参加到课程设计的工作中来。决定美国史课应该给小学生教些什么或算术课应该给他们教些什么,这种决断要靠各个学术领域里有着远见卓识和非凡能力的人士的帮助才能搞好。断定代数的基本观念是以交换律、分配律和结合律的原理为基础的人必须是个能够鉴赏并通晓数学原理的数学家。当学龄儿童还不能分清美国历史的事实和趋势时,是不是要求他们理解像弗雷德里克·杰克逊·特纳关于边疆在美国史上的作用的观念——这又是一个决断,它同样需要对美国过去有深刻理解的学者的帮助。在设计课程时,只有使用我们最优秀的人士,才能把学识和智慧的果实带给刚开始学习的学生。

问题就来了:"在设计小学和中学课程时,怎样取得我们能力最卓越的学者和科学家的帮助?"答复早已知道,至少已经部分知道。中小学数学研究小组、伊利诺斯大学的数学方案、物理科学研究委员会和生物科学课程研究小组确实已经取得各方面知名人士的帮助,通过暑期规划,增聘一部分休假长达一年的某些有关的重要人物来进行这项工作。在这项规划工作中,他们还得到优秀的中小学教师的帮助。为了特殊的目的,还得到职业作家、电影制片者、设计师以及这一复杂事业所需要的其他人士的协助。

即使按照前面指示的方向进行的大规模的课程改革,至少还有一件重要事情亟待解决。通晓某一学术领域的基本观念,不但包括掌握一般原理,而且还包括培养对待学习和调查研究以及对待独立解决难题的态度。正像物理学家对于自然界的终极次序抱着确定的态度并深信这种次序能够发现那样,年轻的物理学学生,如果想把他的学习组织得好,以至于所学到的东西在他思想上有用和有意义,也需要具备关于培养这些态度的一定工作见解。要在教学中培养这些态度,要求比单纯地提出基本观念更多的东西。要圆满地完成这样的教学任务,需要做大量研究工作。但看来,一个重要因素是关于发现的兴奋感,这就是说,发现以前未曾认识的观念间的关系和相似的规律性以及伴随着的对本身能力的自信感。曾经从事于自然科学和数学课程工作的各方面的人士,都极力主张在提出一个学科的基本结构时,有可能保留一些令人兴奋的观念的系列,引导学生自己去发现它。

我们一开始就提出这个假设:任何学科都能够以智育上是诚实的方式,有效地教给任何发展阶段的任何儿童。这是个大胆的假设,并且是思考课程本质的一个必要的假设,不存在同这个假设相反的证据;反之,却积累着许多支持它的证据。

为了搞清楚含义是什么,我们来考查一下三种普遍的观念。第一种,涉及儿童智慧发展的过程;第二种,涉及学习的行为;第三种则和"螺旋式课程"这个概念有关。

儿童智慧发展的研究突出了这个事实:在发展的每个阶段,儿童都有他自己的观察世界和解释世界的独特方式。给任何特定年龄的儿童教某门学科的任务,就是按照这个儿童观察事物的方式去表现那门学科的结构。刚才所说的一般假设是以下面这个考虑过的判断为前提,即任何观念能够用学龄儿童的思想方式忠实地和有效地表现出来；这些初次的表现，由于这种早期学习，学起来比较容易，在日后也比较有效和精确。为了证明并支持这个观点，我们在这里稍微详细地描绘智慧发展的过程，同时就儿童智慧发展不同阶段的教学，提一些建议。

皮亚杰和其他一些人的著作中提出，一般来说，儿童的智慧发展可以划分为三个阶段。第一个阶段，不需要我们详述，因为这主要是学前儿童表现的特征。这个阶段，大约到五六岁为止（至少就瑞士的学龄儿童来说是如此的），儿童的脑力劳动主要是建立经验和动作之间的联系；他关心的是依靠动作去对付世界。这个阶段大致相当于从语言的开始发展到儿童学会使用符号这段时期。在这个所谓前运算阶段中，主要象征性的成就是儿童学会怎样凭借由简单的概括而建立的符号去重现儿童的符号世界时，并未将内部动机和感情作为一方和外部现实作为另一方之间划分清楚。儿童不大能够把他自己的目标和达到目标的手段区分开来。再者，儿童在对付现实的尝试失败后，就得纠正他的活动。这样的做法，与其说是依靠符号的运算，不如说是依靠那种所谓直观的调节；直观的调节，也不是进行思考的结果，而是带有粗糙的尝试错误性质。

这个发展阶段中所缺乏的，主要便是日内瓦学派所称的可逆性概念。当物体的形状改变了，例如，把一个黏土塑成的泥球形状改变一下，前运算期儿童不能够掌握可以立刻恢复球的原状这个概念。由于缺乏这个基本概念，儿童就无法理解作为数学和物理学基础的某些基本观念——数学的观念，如即使当他把一组东西分成若干小组时，他仍保持了它们的数量；物理的观念，如即使当他改变了某物体的形状，他仍保持了它的质量和重量。不用说，教师向这个阶段的儿童灌输概念受到很大限制，尽管采用高度直观的方法。

发展的第二个阶段——此时儿童已经入学——称为具体运算阶段。这个阶段叫做运算阶段，是同前一个阶段全是动作相比较而言的。运算是动作的一种形式：它之得以实现，是直接依靠用手操作物体，或是在内部，当他操作在他头脑中代表事物或关系的那些符号的时候。运算大体上是记取现实世界的资料并在头脑里加以改造的一种手段，由于这种改造，因此在解决难题时能够有选择地组织和运用这些资料……

运算同简单动作或受目标指导的行为的区别在于，它是内化的和可逆的。"内化的"意味着儿童不再需要依靠公开的尝试错误来着手解决难题，而能够在头脑中实际地进行尝试错误。可逆性出现了，因为，看来运算具有所谓"完全补偿"的特色；也就是说，这种运算能够用逆运算作为补偿。例如：如果把石弹子分成若干小堆堆，儿童能凭直觉懂得，再把这些小堆回集拢来就可以恢复为原来那堆石弹子。儿童在天平盘上加个砝码，致使天平盘倾斜得很厉害，他于是就有次序地寻找一个较轻的砝码，或其他东西，用它使天平重新平衡。儿童可能把可逆性拉扯太远，例如，假设一张纸一旦烧掉了，也能恢复原样。

由于到了具体运算阶段，儿童据以进行运算的内化结构就发展了。在天平的例子中，结构便是儿童头脑中所想的许多依次排列的砝码。这样的内部结构是关于本质的。它们是内化的符号系统，儿童据以重视这个世界，犹如弹子机及入射角和反射角这个例子。如果儿童需要掌握某些观念，一定要把这些观念转译成为内部结构的语言。

可是，具体运算尽管受类别逻辑和关系逻辑的指导，但它是只能构思直接呈现在他面前的现实的一种手段。儿童能够赋予遇到的事物以一定的结构，不过他还不能够轻易地处理那些不直接在他面前，或事前没有经历过的可能发生的事物。这不是说，儿童在进行具体运算时没有能力去预料不在眼前的事情。的确，他们并不具备系统地想象在任何指定时间内所能存在的、非常广泛的交替可能性的运算能力；他们不能有系统地超出所提供的知识范围外，去描述可能发生的其他情况。10～14岁左右，儿童进入发展的第三个阶段，这便是日内瓦学派所谓的"形式运算"阶段。

此刻,儿童的智力活动好像是以一种根据假设性命题去运算的能力为基础,不再局限于他经历过的或在他面前的事物。儿童能够想到可能有的变化,甚至会推演后来通过实验或观察得到证明的潜在关系,理智的运算似乎是根据像逻辑学家、科学家或抽象思想家所特有的那种逻辑运算来做的。正是在此刻,儿童有能力对先前指引他解决难题但不能描述或无法正式理解的具体观念,予以公理式的表达。

早些时候,当儿童处在具体运算阶段时,他能够直觉地和具体地掌握数学、自然科学、人文科学和社会科学的许多基本观念。可是,他能这样做,只是依所具体运算罢了。可以举例说明如下:五年级儿童能够仿照非常高等的数学规则玩数学游戏;真的,他们可以归纳,得出这些规则,还学会怎样利用它们来工作。然而,如果有谁试图强迫他们对他们已经在做的工作进行正式的数学描述,他们将会心慌意乱,尽管他们完全能够利用这些规则指导自己的行为。在伍兹霍尔会议期间,我们荣幸地看到一堂示范教学,在这堂课上,五年级儿童很快地掌握函数论的中心思想;虽然,如果教师企图向他们解释什么是函数论,他是终究要失败的。往后,到了发展的恰当阶段,给以一定量的具体运算实践,那么向他们介绍必要的形式论的时机便成熟了。

教授基本概念最重要的一点,是要帮助儿童不断地由具体思维向在概念上更恰当的思维方式的利用前进。可是,试图根据远离儿童思维样式及其含义对儿童来说又是枯燥无味的逻辑进行正式说明,肯定徒劳而无益。数学课的许多教法就是这个样子。儿童学到的,不是对数序的理解,而是搬用呆板的方法或秘诀,但不懂得它们的意义和连贯性。它们并不转译成他的思想方法。有了这种不恰当的开端,容易使儿童相信:对他来说,最重要的事情是"准确"——尽管准确性同数学的关系,比起同计算的关系来要少些。这类事情中最突出的例子,也许要算中学生初次接触欧几里得几何学的情况了。学生不具备关于简单几何图形的经验和据以进行学习的直观手段,因此把几何学看作一套公理和定理。要是早一点就在儿童力所能及的水平上,采用直观几何学的方式教给他概念和算法,说不定他就可以好得多,有能力深刻地掌握往后向他揭示的公理和定理的意义。

可是,儿童的智慧发展不是像时钟装置那样,一连串事件相继出现;它对环境,特别对学校环境的影响,也能产生反应。因此,教授科学概念,即使是小学水平,也不必奴性地跟随儿童认知发展的自然过程。向儿童提供挑战性但是合适的机会使发展步步向前,也可以引导智慧发展。经验已经表明:向成长中的儿童提示难题,激励他向下一阶段发展,这样的努力是值得的,正像初等数学界最有经验教师之一,戴维·佩奇曾经评论过的:"从幼儿园到研究院的教学中,使我感到惊愕的,是各种年龄的人在智慧方面的相似性;虽然,跟成人相比,儿童也许更有自发性、创造性和更生气勃勃。就我个人的经验而论,只要根据儿童的理解力给以任务,那么他们学习任何东西几乎都比成人快。很有趣味的是,按照他们的理解力提供教材,其结果,他们就自己去学习数学,而他们对教材越熟悉,就越能教得好。我们提醒自己,给任何特殊课题一个绝对难度,要十分审慎,这是合适的。当我告诉数学家们,四年级学生很可以学习'集合论'的时候,其中少数人回答说:'当然',多数人却大吃一惊。后面这些人完全错误地认为'集合论'是真正困难的。当然,或许没有什么事是真正困难的,但我们必须等待到适当的观点和表达它的相应语言的出现。给予某种教材或某个概念时,容易问儿童琐细的问题或引导儿童提出琐细的问题,也容易问儿童不可能回答的困难问题。这里的诀窍在于发现既能答得了又能使之前进的难易恰当的适中问题。这是教师和教科书的大事。"有人借助精巧的"适中问题"去引导儿童更快地通过智慧发展的各个阶段,更深刻地通晓数学、物理和历史的原理,能够达到这一步的做法,我们必须了解得更多。

和老师的谈话

内容提要

本书是苏联心理学家、教育科学博士、苏联教育科学院院士、苏联教育科学院普通教育研究所"教学与发展问题实验室"领导人列·符·赞科夫所著。本书现已为美、日、德等十多个国家介绍和翻译。作者以其长期实验积累起来的研究成果，克服旧教育课程的矛盾，建立了适应社会要求的新教育课程。他的指导思想是，在教学中着重抓"能力培养"，这是近 20 多年来美、日、德等国家教学改革的共同趋势。全书分 11 章，深入浅出地概述了他的教育、教学思想，是专门为中、小学教师而写的，已成为当代苏联深受中、小学教师欢迎的必读书，它对我国中、小学教师和教育理论工作者，也有积极的参考价值。

作者简介

列·符·赞科夫(1901—1977)，苏联著名的教育家、教育学家和心理学家。

1917 年秋他中学毕业后，即担任乡村小学老师。后来考取了莫斯科大学心理学系，毕业后留任该校心理研究所的研究班，在那里根据心理学家维果茨基的建议，从事心理学和特殊教育的研究。卫国战争期间，赞科夫转入神经外科医院，从事苏军

列·符·赞科夫

颅脑重伤战士语言机能的治理和恢复工作。但他始终没有中断有关记忆、教学论问题的研究。

50 年代初,赞科夫转到普通教育研究所,负责领导"实验教学论实验室"。1952 年,他开始从事"教学中的词与直观性的相互作用"的实验研究,并主编出版《教学中的词与直观相互作用的研究经验》(1954)《教学中教师语言与直观手段相结合》和《教学中的直观性和调动学生的积极性》等著作,由此名声大震。1956 年俄罗斯联邦心理学家协会成立时,他是该协会的主要成员。

　　1957 年,赞科夫将"实验教学论实验室"改名为"教学与发展问题实验室",着手对小学儿童的教学与发展问题进行实验研究。1962 年 10 月,赞科夫在总结第一阶段(1957—1961)实验成果的基础上,发表了题为《论教学的教学论原理》一文,在全面论述实验教学论体系的基础原理的同时,对苏联的传统教学论提出了严厉的批评,因而遭到了多方面的责难。然而,赞科夫并未因此放弃实验研究。1966 年底,苏联教育科学院主席团对赞科夫的实验研究进行了一次系统的调查,肯定赞科夫的实验方向和理论基础是正确的。次年秋天,经俄罗斯联邦教育部批准,实验班所有三年级的学生都跳过普通学校的四年级直接升入五年级学习。1969 年,俄罗斯联邦教育部接受赞科夫关于将小学阶段的学习年限由四年缩短为三年的建议,并调整了教学内容,编辑出版了三年制的教学大纲和教科书。这样,赞科夫教学实验的成果不仅得到了政府的认可,而且开始广泛地应用于教育实践。

　　1977 年冬,赞科夫不幸逝世。苏联教育部和苏联教育科学院在《教师报》发表悼念文章,指出:"赞科夫以自己在教育科学和学校实践的众多创造性贡献而闻名于世。"

　　赞科夫与其他教育家相比,最突出的特点是非常实验。在长期的实验教学过程中,他提出了关于教学与发展问题的主导思想——"以最好的教学效果来达到学生最理想的发展水平",并逐步形成了体现这一主导思想的五条"新教学原则"。他和他的同事们在实验过程中,还制定了新的小学实验教学计划、各科教学大纲,编写了各科教科书和教师参考书。

教育思想

赞科夫(1901—1977)是苏联著名的教育家、教育理论家和心理学家、苏联教育科学院院长、教育科学博士、教授、功勋科研人员。1918年他以乡村小学教师职务开始了他的教育生涯。从1929年起,开始从事教育科学研究,担任过俄罗斯教育科学院缺陷儿童研究所所长。从1957年到1977年这20年间,他和"教育与发展"室的同事们一道,以教学与发展的关系为课题,进行实验和研究,其成果主要反映在《教学与发展》《和教师的谈话》等150多篇教育著作之中。

改革"传统"

苏联著名教育家赞科夫被国际上誉为"课程现代化"的三大典型代表之一,与美国布鲁纳和德国根舍因相齐名。他所创立的实验教学体系(也称新教学论体系),反映着世界教学论发展的一大趋势,20世纪70年代以来,对苏联乃至世界的教学改革发生着重大的影响。可是它的产生,却经历了一场深刻的思想革命。他进一步深入到学校教学中去考察,听到的仍然是片面强调教学要"完全符合儿童的年龄特征"的观点。这种观点粗看起来没有什么不对的地方,可是仔细分析,它不是教学"带动"学生发展,而是教学"跟着"发展走。在这种观点指导下,学校不合理地把教材编得太容易,理论知识贫乏、肤浅,把许多新知识都排斥在教学内容之外,并且把教学进度放得很慢。赞科夫想,这种现象怎能促进学生的迅速发展,这样的教学怎能与时代发展的步伐相合拍。他给一些中学应届毕业生发了一张调查表,询问他们对中小学的学习生活有什么感想。学生普遍回答说:"学校没有教给我们创造性、首创精神和独立性,甚至使我们缺乏大胆想象的勇气";"我们没有勇气自己解决自己的问题,而往往是依赖家长和教师";"我们在学校里很少思考,而更多的是背书"。从这时起,赞科夫已对凯洛夫主编的《教育学》中的一些观点提出了质疑。在他看来,凯洛夫《教育学》的教学体系中,最大的缺陷就是"心中无儿童",以教师为神圣,说什么"教师的每句话对学生来说都具有法律的性质",这就使学生处于消极被动的地位。特别是关于小学教学的有关论述,只是对前人教育思想的总结、归纳,并无科学的实验根据,远远落后于生活的需要,低估了儿童智力发展的可能性。只重视"双基"教学,而不强调发展的重要作用,已无法对当前小学教学起积极指导作用了,变成了一种修修补补、而不去触动小学教学积弊的理论和方法。从这时起,他产生了一个建立新的教学体系的设想,主张对小学教学进行一次根本性的改革。

从实验做起

赞科夫根据以往的经验,他认为要形成一种新体系,只凭从理论到理论,就方法论方法,进行空泛的议论,那是没有生命力的,必须从教育实验做起,才能取得科学的研究成果。于是,从1957年起,他在莫斯科第172学校设计了一个实验室,作为他"教学与发展的关系"这一课题的实验研究场地。

赞科夫对教育实验活动中得到的课内外音响、图片资料以及实验人员的观察记录,一一进行分析研究并与心理学上的一些实验方法同步进行。经过连续四年的"跟踪"研究(当时苏联小学为四年制),收到了鼓舞人心的效果。四年内,实验班完成了小学规定的全部教学任务,并学习了五年级大部分教学内容,与普通班相比,学生创造性思维都达到了优秀的水平。对此,他们得出小学完全可由四年制改为三年制的结论,并对实验进行了理论总结,形成了小学教学的新体系,其核心思想就是以最好的教学效果来达到学生最理想的发展水平。产生了体现这一核心思想并指导各科教学工作的五条"教学原则"即:①以高难度进行教学的原则;②以高速度进行教学的原则;③理论知识起指导作用的原则;④使学生理解教学过程的原则;⑤使全班学生都得到发展的原则。

由点到面

莫斯科第 172 学校四年级单班实验所取得的可喜成果,并没有使赞科夫终止进一步的教学实验。这时他已开始转向在不同情况下的实验,先后在加里宁市和图拉市分别增开了 9 个和 12 个实验班。这些实验班的招生办法、程序、编班与原来该地区普通班的情况完全相同,只是多了一个规定,就是从小学一年级开始到小学毕业,学生不能申请调往普通班,不能转学(除去家长改变了居住地点)。实验班的教师都是经过自愿报名确定下来的,赞科夫拒绝了国民教育机关指派教师的做法。在他看来,学生稳定,才能准确地比较出实验班与普通班通过教学,学生的发展情况;实验班的教师,要走上新的教学结构的道路,必须放弃原有的观点,抛弃多年来形成的教学习惯和教育工作的方式和方法,掌握新的教育思想,因此,只能让教师根据自愿的原则参加实验。

大规模实验的结果,使赞科夫从中看到了不同地区、不同教师、不同实验条件下,教学结构与学生一般发展进程及掌握知识、技巧之间的共同规律,影响学生发展和知识技能掌握的条件。他对新教学体系充满了信心,先后发表了 50 篇论文和 22 本著作。大规模的实验,还促使广大教师了解了新体系,去思考教学问题,看到了不同于传统教学法所取得的成果。这显然是一种无形的宣传与教改问题的探讨。正由于这样,赞科夫的研究成果,虽为少数权威所否定,却逐渐被大多数人所理解、重视和运用。随着苏联社会对教学改革的呼声日益高涨,传统教学向发展性教学发展的趋势也日渐明朗,赞科夫在研究教学与发展问题上的成就,得到了社会的公认。他的理论对于苏联 1969 年进行大规模的教学改革,尤其是对于小学由 4 年制缩短为 3 年制的改革做出了积极的贡献。自 70 年代以来,苏联教育部颁发的《教育学》教科书以及各种教学论专著,几乎没有一本不提到赞科夫的实验研究对苏联教改产生的巨大作用。

开发智力

赞科夫主张教师采取灵活多样的方法训练和鼓励学生的创造性思维,可是在教学实践中,不少教师对"创造性思维"指的是什么搞不清。曾有一位教师就这一问题向赞科夫请教,赞科夫说道:"还是听听你的课再说吧!"一次,在这位小学教师的数学课上,教师出了一道题:$7+7+7+4+7+7+7=?$ 当然教师知道解这道题的最"笨"的方法,就是一步一步地连加出来,可是学生已学过了四则混合运算,因此,教师启发学生用简便的方法来解答。于是,学生提出了用 $6×7+4$ 的方法解此题,认为最为简便。这时候,一个叫伊戈尔的学生提出了"新方案",他建议用 $7×7-3$ 的方法去解最为方便,这时赞科夫点头微笑了。

课后,赞科夫对这位教师说:"伊戈尔的思维有创造性,你应当在教学中注意这种思维的培养。"这位教师不解地问道:"他不是和其他学生提出的 $6×7+4$ 的方法一样吗?"赞科夫耐心地解释说:"虽然看起来有类似之处,可是这个'方案'是他自己'发现'的。在他的思维活动中,并不和其他同学一样,他从直观形象去思考,他'看见了'一个实际并不存在的 7;他是假设在 4 的位置上是一个 7,这样就可以把题目先假设为 $7×7$。接着他的思维又参与了论证,$7-3$ 才是原题中的实际存在的 4。""哦!"赞科夫又说:"伊戈尔的解题方法不是靠死记硬背得来的,而是他取得了一种迅速而准确地把握新材料,并把它在思想中加以改造的能力,可以说是一种创造思维能力。"这位教师明白了。可是像这样的情况,在自己的课堂上不知有多少,但却无声无息地溜走了。

这件事说明,教师在教学中,应善于发现学生思维中的闪光点,并提示给所有学生,让他们发扬光大,这无疑是培养学生思维的灵活性和鼓励学生创造性思维的一种良好方法。

教学方法

为了体现"以最好的教学效果来达到学生最理想的发展水平"这一主导思想,赞科夫通过长期的教学实验与理论总结,提出了与传统教学诸原则针锋相对的五条"新教学原则"。

以高难度进行教学的原则

这是和传统教学的量力性原则相对立的原则。量力性原则为教学规定了一个界限,教学只是跟在学生发展的后面跑。赞科夫指出:"传统教育学的弱点在于教学过程过于容易","应该遵循一个相反的原则:把教学建立在高水平的难度上,同时注意掌握难度的分寸。"高难度的含义之一是教学内容必须更新,用现代科技的初步知识取代"原始"教材,充分满足儿童的求知欲和利用他们的认知可能性。赞科夫认为"儿童的智力也像肌肉一样,如果不给以适当的负担,加以锻炼,它就会萎缩、退化";教学要为儿童的精神成长提供足够的"食粮",不要使它"营养不良"。高难度的另一含义是要学生通过努力克服障碍,把精神力量发动起来,促进一般发展。赞科夫依据了维果茨基把儿童的发展分为两个水平的理论:一是现有的发展水平,即现在就能独立完成提出的智力任务,第二个水平是最近发展区,这时儿童的思维过程还正在形成,还不能独立完成任务,但在启发帮助下经过一番努力就能完成任务。赞科夫认为,教学应该创造最近发展区,让儿童努力思考,在智力的阶梯上提高一级。

以高速度进行教学的原则

赞科夫说:"传统教育学为追求所谓知识的'牢固掌握',就让学生反复地咀嚼他们已知的东西,这种做法导致了学生不动脑筋,精神消沉,这就阻碍了学生的发展。"他主张要"以知识的广度来达到知识的巩固性"。他据此提出这条原则,要求"不断地前进,不断地以丰富多彩的内容丰富儿童的智慧,使他们更深刻地理解所获得的知识,把这些知识纳入一个广泛的体系"。

理论知识起指导作用的原则

传统教学论把直观性原则提到首要的地位,并据此提出教学要"由近及远""由简单到复杂""由具体到抽象"的规则。赞科夫针对传统教学低估儿童的思维能力、教学内容中理论知识贫乏的缺点提出这条原则,实质在于强调理论知识在教学中的指导作用。赞科夫认为感性知识固然是人类认识的出发点,由此经过复杂的道路而到达抽象,但这并不意味着让学生也要经历这样一个复杂漫长的认识的全过程。在学生的认识过程中,感性认识与理性认识有机地交织在一起,经验与理论处于不断的相互作用之中。根据实验观察,赞科夫指出"一年级学生就能掌握许多抽象的概念,理解某些事物的内在联系"。至于"由近及远"是指儿童要先认识身旁的事物,可是他们偏偏最爱听异国异地的趣事,最爱看身边看不到的事物。而"由简单到复杂"的要求,"人类科学技术的发展已使人的感官延伸到宏观世界和微观世界,借助于现代化的教学手段,已经可以把过去认为极其复杂的现象变成容易理解的东西"。旧教学体系仍把儿童的认识限制在用手摸、用眼看的水平上,显然是落后了。因此他不反对直接观察的重要性,但反对旧教学论的片面性和"原始"性,强调理论知识的指导作用。

使学生理解学习过程的原则

这个原则与传统教学论的自觉性原则有些相似,但两者的着眼点有实质的区别。自觉性原则强调使学生理解教材,并把学到的知识运用于实践。它要求学生注意的对象是知识、技能和技巧,着眼于学习活动的"外部"因素。而赞科夫的这条原则要求学生注意的对象则是学习过程本身,着眼于学习活动的"内在"机制,教会学生怎样学习。

使全班学生包括"后进生"都得到发展的原则

"后进生"问题在苏联没有得到解决,有人说按照"高难度""高速度"

原则教学,结果只培养了几个拔尖生,而把一大批学生拉下来。赞科夫从 1963—1967 年对此进行了专题研究,从实验班和普遍班选了一批后进生做比较研究,从心理学角度对他们各方面的活动进行观察、记录和分析。实验结果使他坚信,对"后进生"更需要在他们的发展上下功夫,并提出一系列的教学方法。他指出学生的上中下三等不是固定不变的,关键在于是否采取科学的教学体系和方法。这是对传统教学论的"积极性原则"的重大发展。

阅读思想

赞科夫的一系列语文教学实验的出发点都是为了促进儿童的"一般发展",其阅读教学思想也不例外。赞科夫的"一般发展"指的是儿童心理的一般发展,即儿童的整个个性的和谐发展。由此观点出发,教学不仅仅让学生掌握知识和技能,而且既要指向智力发展(掌握丰富的知识不等于智力发展),也要指向情感、意志品质、行为动机、道德情操、审美情趣等被称作"心灵"的方面,并且要这些方面的发展在儿童的个性发展中和谐地结合起来。赞科夫认为:学生有了这些方面的一般发展之后,将会比较顺利地掌握任何一门学科的教材,也是他们将来继续深造或参加劳动活动的基础。因此,在阅读教学方面,赞科夫同样十分强调要促进儿童的一般发展。他的阅读教学思想主要体现在以下几个方面:

促进学生全面发展的重要手段之一

赞科夫主张教学过程应当是让学生得到一般发展的过程。他的"所谓一般发展过程,就是不仅发展学生的智力,而且发展情感、意志品质、性格和集体主义思想"。他认为,"发展学生的道德品质、审美情感和意志,形成学生的精神需要,特别是形成学生对学习的内部诱因"。因此,他主张语文教学应当特别重视阅读教学,认为"阅读是教育学生,促进他们全面发展的重要手段之一"。他认为,强化阅读教学"意图在于激发学生的多种多样的思想和感情,丰富学生的精神世界,并且在课堂上结合所读的东西展开生动的谈话"；"不是把文艺作品的阅读看作是简单地感知和理解作品，而是看作思想、感情和内心感受的源泉"。他主张让儿童阅读真正的文艺作品，在文艺作品阅读中推动儿童的发展。

强调阅读教材的选择与应用

作为语文学科的一个重要组成部分，阅读教学在赞科夫实验教学中占有重要地位。赞科夫主持的实验室专门编辑出版了一套供各年级学生使用的新的阅读教材《生动的语言》，其选材原则是：教材的思想性和艺术性要符合学校的任务，教材内容要符合儿童的年龄特征，能够引起儿童的兴趣，还要有科学性。教材内容分为两类：文艺性教材和科学知识性教材。前者是著名诗人和作家的作品，如故事、短诗、童话、寓言、谜语等，强调要让儿童阅读真正的文艺作品，在文艺作品的阅读中推动儿童的发展；后者为知识性和科学性文章，如关于生物界、非生物界、机器以及儿童使用的物品的文章。赞科夫对文艺性作品的教学要求是，引导学生注意理解作品的思想内容和艺术特色，理解语言的运用和表达手段及其运用，同时，还要注意适应小学生的特点，不应把阅读课上成文学艺术研究课；对科学知识性文章的教学要求是，让学生通过对这些文章的阅读，初步了解和掌握一些科学知识。

强调培养学生的观察力

赞科夫认为，见多识广，才会有较强的理解力和接受力，因此，他在其阅读教学实验中注重通过散步、参观、旅行，让学生深入细致地观察自然现象和人们的劳动，积累丰富的印象，并把这些活动当作阅读课的广泛"预习"。他强调指出，在观察过程中最重要的是为培养观察力，培养观察力的目的是为让学生更好地阅读思想境界和艺术境界都很高的文章做准备。

强调首次感知的重要性

强调学生对课文的"第一印象"。赞科夫认为，首次感知对感知者来说最为重要，"第一印象"最为深刻。他在阅读教学实验中通常采用对新课文先由教师朗读一遍，让学生通过首次感知加深"第一印象"的方式进行。要求教师在朗读时要富有表情，语调抑扬顿挫，准确生动地表现作者的思想感情，以激起学生的注意，从而对课文产生兴趣。由于教师是首次朗读，且只朗读一遍，学生便会注意听教师的朗读，因为他们知道感知的"第一印象"的重要。

强调读议结合

培养独立思考习惯。赞科夫在其阅读教学实验中，让教师读过一遍后，即引导学生自由讨论，就课文各抒己见，有什么感受都可以提出来讨论。他认为，通过这个讨论，学生会从各个不同角度，用各种各样表现方式，来揭示课文的思想和寓意，从而使课堂充满着一种"积极的精神生活"，即"有思考、有感情、有个性的思想的积极活动"。他要求教师要积极引导学生读读议议，既激发学生的情感和思维，又帮助学生领会课文的中心思想、艺术形象和语言手段，从而培养学生的思考问题和解决问题的能力和习惯。

强调词汇教学要因文释义

赞科夫认为，在词汇教学过程中，要反对搞烦琐哲学和形式主义，对生词不一定要逐个地讲，只要有选择的重点讲几个即可。他主张通过多次接触和依靠上下文猜出生词的意思；认为读得多了，有些词意就会逐步明白；要通过语境理解词义；对词义的解释应竭力揭示其特殊意义。

强调课外阅读

赞科夫认为提高语文教学质量，不仅靠课内阅读，而且更重要的是靠课外阅读。应该通过课内阅读启发学生课外阅读的兴趣，教给学生合理的阅读方法。他认为，从某种意义上来说，课内阅读教学只是教阅读方法而已。因此，他特别强调课外阅读的重要性，强调阅读教学的重点应放在课外阅读上。

教师观

教师的劳动复杂而具有创造性

1.教师劳动的复杂性

赞科夫认为,教师劳动的复杂性既体现在教学方式和方法的运用上,也体现在对学生进行教育工作的过程中。教师要激发学生的道德情感,指导他们理解伦理标准以及集体主义的性格特征。所有这些方面,学生有许多共同点,同时每一个学生身上又有不少特殊性。即便是作为某一个体的学生,他的行为、举止、内心感受,又会随着具体情况的不同而有所不同。这些情况可能比教师预先估计的复杂得多,不仅在一节课上,甚至在一节课的某一段上都会发生各种变化。这些决定了教师劳动的复杂性。

教师劳动复杂性的特点要求教师要善于觉察教学过程中环境发生的独特而细微的变化,并灵活地采取与之相应的行动。

2.教师劳动的创造性

赞科夫认为,创造性绝不局限于教学法上的个别发现。所谓创造性,就是有一种不断前进,向更完善,更新鲜的事物前进的志向,并且实现这种业已产生的志向。明天一定要比今天做得更好,这是一个创造性地工作的教师的座右铭。

教师的创造性体现在课堂上对学生反应的敏感性,洞察学生的精神世界,采取适合具体情况的教育方式和方法,为课堂教学挑选新的材料,探索与实验体系的教学原则相符合的教学方法和途径。这些技巧要靠教师掌握多种多样的教育方式,理解其中每一种方式的特点,并善于正确地运用它们,在教学中不断实践来获得。

教师劳动的这两个特点之间是相互联系的,由于教师劳动的复杂性,决定了教师不可能从书本上学到解决所有课堂问题的方法,需要在教学中不断地根据学生及课堂的实际情况创造性地解决问题。

教师与学生应建立良好的关系

1.师生关系的定位赞科夫认为,就教育工作的效果来说,很重要的一点是要看师生之间的关系如何。他将良好的师生关系看作是顺利完成教学任务的一个重要条件。良好的师生关系会影响到班级的气氛,他认为"如果班级里能够创造一种推心置腹地交谈思想的气氛,孩子们就能把自己的各种印象和感受、怀疑和问题带到课堂上来,开展无拘无束的交谈"。自然,在这种氛围中,学生发展的进程就会快得多。

在师生关系中,教师处于主导的地位,这是由教师的职责决定的。教师既是学生年长的同志,同时又是他们的导师,不仅要传授知识、训练技能和技巧,还要教育学生,这是教师的神圣职责。他还强调教师的这两个职责不应有主次之分,应有机结合,尽量避免从一个极端走到另一个极端:要么把儿童管束得几乎每走一步路都得听教师的指示,要么放任自流,一切都顺着学生的意思去做。

可以说,"爱"是维系师生关系的纽带,教师对学生的亲密关系,表现在他既能形成一个团结的集体,又能了解每一个学生。而儿童对教师给予的好感,反应是灵敏的,他们是会用爱来报答教师的爱的。

2.建立师生关系的途径

教师要充分了解学生。赞科夫认为"了解儿童,了解他们的爱好和才能,了解他们的精神世界,了解他们的欢乐和忧愁,恐怕没有比这一点更重要的事了"。

当教师把每一个学生都理解为一个具有个人特点的、具有自己的志向、自己的智慧和性格结构的人的时候,这样的理解才能有助于教师去热爱儿童和尊重儿童。只有教师对自己的学生进行细致观察,才会对学生抱着一种完全正确的看法,看到学生的外部不良表现下隐藏着的良好品质,在教学中才能有区别地加以对待,促进每个学生的一般发展。

了解了每一个学生的特点,不仅要考虑到学生的注意、思维的特点及其心理特点,而且教师要下功夫发展不同学生的不同个性特点,创造条件满足学生的发展需求,给他的爱好找到出路,并予以正确的引导。

同时,教师还应该利用班级集体的丰富多彩的生活培养学生对生活、科学、艺术各个领域的兴趣。集体的生活应该是跟儿童的精神需要、愿望和志趣有机地联系起来的。在集体的基础上来实施个别对待,才能真正获得巨大的力量。

教师要热爱学生。教育书刊和一般书刊里经常讲到,当教师的必不可少的、甚至几乎是最主要的品质,就是要热爱儿童。在赞科夫看来,爱这个词意味着一种自我牺牲的依恋的情感,也可以把它理解为一种热情。这种热情正是教学的动力之源。

教师的爱不同于一般人所共有的对儿童的爱,而具有一些特殊的表现形式。有一句俗语:"漂亮的孩子人人都喜欢,而爱难看的孩子才是真正的爱!"教师对学生的爱体现在教师对儿童的了解和尊重上。赞科夫尤其强调不能把教师对儿童的爱,仅仅设想为用慈祥的、关注的态度对待他们。这种态度当然是需要的,但是对学生的爱,首先应当表现在教师毫无保留地贡献出自己的精力、才能和知识,以便在对自己学生的教学和教育上,在他们的精神成长上取得最好的成果。其次应该用严格的规范来要求学生。因此,教师对儿童的爱应当同合理的严格要求相结合。

此外,教师的社会责任感和使命感会增强对学生的爱。当教师意识到儿童是祖国的未来,是未来的接班人,而教师肩负着培养年轻一代、培养未来的共产主义建设者的重任时,这样的一些正确认识可以增强教师对学生的爱。

教师要树立威信。维系师生关系的一个重要方面是教师的威信。教师的威信在维持课堂秩序及营造良好的教学气氛方面起着重要的作用,也是教师顺利而有成效地进行工作的必不可少的条件。教学中存在教师虚假的压服的威信,在赞科夫看来,这种威信只能有助于维持班级的表面纪律,使学生在形式上看来是在完成作业。从表面上来看,一切顺利,然而实际上对学生却没有发生深刻的教育影响。

赞科夫认为,教师的威信可以通过师生之间的相互尊重和友爱而形成。一方面,教师要注意发展儿童的积极性、首创精神和独立活动能力,给儿童提供独立活动的机会,它们是培养意志的必要条件,而意志在人的一生中起着重大的作用,有助于巩固教师的威信。另一方面,教师可以用一点趣味性的材料来吸引学生,激发学生的求知欲望。"只有当学生渴望认识未知的事物,而教师也为一种用知识丰富学生的头脑、从精神上培育他们成长的精神所鼓舞的时候,才能稳固地形成。这样才会产生一种互相怀有好感、互相尊重和友爱的气氛,这种气氛会给教学带来好处,同时也有助于完成教育任务。"在这种气氛下,才能够树立教师真正的威信,学生由衷地尊重教师。师生之间的友爱不仅不会削弱纪律,相反,会巩固纪律,使学生更好地自觉遵守学校制度。

要重视教师的培养和培训

1.教师的才能

关于教师的才能,赞科夫赞同符·恩·戈诺包林的观点,认为"为了较好地完成自己的任务,一个教师应当掌握深厚的知识,受过很好的师范训练,具备很高的一般文化水平和明确的思想政治方向"。这些都是教师顺利进行教育工作必备的品质。

在符·恩·戈诺包林的《关于教师的书》中专门对哪些个性品质是教师才能的主要标志这一问题进行了调查,结果显示,提得最多的品质有:要热爱自己的事业,对儿童工作感兴趣;要热爱儿童;要有了解儿童的才能;要有高度的一般文化素养,学识渊博,扎实的教育学知识;要在所教的学科方面有才能,精通本门学科,并对它有兴趣;要有把知识传授给别人的才能,等等。而上述每一项才能又内在地包含其他的品质,就拿把知识传授给别人的才能这一点来说吧,即使粗略地一看也会明白,这条才能包含着一系列品质:这里既要有和别人分享自己的知识的愿望,又要有把知识讲述得充分清楚的本领,还要善于吸引学生的注意,等等。

2.教师的培养和培训

赞科夫意识到教师的这些品质并非天生就具备的,是通过后天的培养和培训形成的。在教师的培养和培训过程中,师范院校及教师培训机构做了一定的工作,但是存在一定问题。在他看来,当时苏联的教师的培养和培训的主要问题有:一是师范院校开设的教育学和心理学没有跟中小学的教学和教育实践紧密地联系起来;二是在提高教师的业务水平方面,在科学地理解教学和教育过程、了解儿童方面,给予教师的训练太少,质量也太差;三是许多时间花费在重复讲述教学大纲、制订各种计划上,而且经常是简单地向教师布置工作计划和口授一些教学法指示,取代了对教学和教育方法问题的讨论。这些都无助于教师的创造性的发挥,它们只能使教师不动脑筋,习惯于接受一些现成的方法。

赞科夫认为,师范院校在教师的培养过程中应加强理论课程与教育实践的结合。此外,要提高教师的业务水平,很重要的一条,就是要把完成同一个教学任务或教育任务而采取的各种不同的方法和方式进行对比,回答这样一个问题:"为什么以及根据什么认为课的这种进程是最适当的。"这种对比是激发教师思考的有效手段之一,因为这样才能使教师更深入地理解所采用的教学方法和方式的实质。

教学与发展

赞科夫的"教学与发展"的主要思维包括以下四个方面:

一、教学与发展的关系。赞科夫认为，"教学的结构好比是'因'，而学生的发展好比是'果'，这种因果关系是重要的。"他说："一位现代杰出的马克思主义者毛泽东说：'唯物辩证法认为，外因是变化的条件，内因是变化的根据，外因通过内因而起作用。'"

二、"发展"的三个主要方面。赞科夫说："我们是按三条线索来研究学生的发展的，这就是：观察力、思维能力和实际操作能力。"他认为这是使学生获得比现在更高的智力发展水平的三个主要方面。

三、怎样使教学促进学生的发展。赞科夫指出，为使教学促进学生的发展，要做到：1.在教学中让死的知识在学生头脑中形成自己的活的体系；2.要有目的地使直接法与间接法互相配合；3.充分调动学生的积极性和求知欲，发展学生的独立思考能力，给学生的个性以合理的表现余地；4.用启发式的方法讲解基本概念，不要多次简单重复，要精心选择、编排练习题；5.不断地用多方面的知识丰富学生的智慧，开展丰富多彩的课外活动，让学生手脑并用，充实学生的感性认识；6.以明确的学习目的和崇高的理想去鼓舞学生学习，以知识本身吸引学生学习，使学生感到认识新事物的乐趣，体验克服学习中困难的喜悦，以教师的教学艺术和自身的学习行动去感染、吸引学生学习，而不是以考试、分数等作为督促学生学习的主要手段；7.要注意因材施教，要和学生建立深厚的感情；8.教师要加强自己各方面的修养，博览各方面的知识，使教学富有创造性和艺术性。

列·符·赞科夫名言

当教师把每一个学生都理解为他是一个具有个人特点的、具有自己的志向、自己的智慧和性格结构的人的时候，这样的理解才能有助于教师去热爱儿童和尊重儿童。

劳动教学里……还能培养这样一些宝贵的个性品质,如学会集体工作、热爱劳动、克服困难的坚毅精神等。

对所学知识内容的兴趣可能成为学习动机。

为了在教学上取得预想的结果,单是指导学生的脑力活动是不够的,还必须在他身上树立起掌握知识的志向,即创造学习的诱因。

《和老师的谈话》读后感

假期里,阅读赞科夫写的《和老师的谈话》,翻开发黄的扉页,仍给我太多的启迪。

一、课堂应该是学生自由交流的地方

赞科夫谈到我们的课堂应该让学生充分交流国家重大事件,他说:"这种无拘无束的谈话,对于班集体的形成也有不可估量的意义,每一个孩子听着同学们的发言,就同他们体验着同样的内心感受,共同的感受也就有助于集体的团结。""如果班级能够创造一种推心置腹的交谈思想的气氛,孩子们就能把自己的各种印象和感受、怀疑和问题带到课堂上来,展开无拘无束的谈话,而教师以高度的机智引导并且参加到谈话里去,发表自己的意见,就可收到预期的教育效果。"

看了这些文字,我很赞同赞科夫的建议,课堂是一个愉快交流、多向互动的地方,学生们在交流中学习成长,是一种自然和谐的氛围,鼓励学生发表意见、相互讨论、敢于批判、乐于交谈是一个老师应该也能够做到的。而不少老师没有认识到交流的益处,或者干脆不安排学生交流,理由是"担心浪费时间",或者安排学生交流是为了"走过场",原因是"有人听课或领导检查"。赞科夫毫不客气地指出"课堂上,相当多的时间是被不合理地浪费了",值得深思。

二、课堂是学生愉快生活的地方

既然是学生生活的地方,这就应该是一个充满乐趣、充满吸引力的地方,就像孙双金老师所说"一堂好课应该是孩子们'小手常举、小脸常红、小嘴常张'",也就是说这样的课堂是能够激发学生情感和积极性的课堂。

在谈到传统的教学法时,赞科夫认为课堂不必拘泥于所谓的六个阶段,学生是在生活,学生的精神世界应该是积极的、丰富的、多方面的,总是利用一套办法不能带来我们所期望的教学效果,如果预定好什么东西、什么顺序应当成为儿童内心注意和感受的对象,那么就难以激发儿童生动活泼的思想,唤起他们真挚而深刻的感情。

关于这个问题,赞科夫强调"艺术作品首先要激发儿童的思想感情,其余的工作应当是这些思想感情的自然的后果"。关注学生的情感、关注学生的生活,才是健康的课堂。

三、课堂是学生自主学习的地方

读到这一部分时,我发现其实很多东西,前人早已总结出来,我们走了很多的弯路以后,才发现我们做了不少无用功,前人的经验拿到现在,不光不过时而且远远超越我们肤浅的认识,比如,赞科夫说:"当教师告诉儿童应当怎样做时,所花费的时间应当节约一些,但是,如果不把所学的教材彻底弄懂,那么以后就不得不一遍又一遍地重复讲解同样的东西,花费更多的时间。我们不能忽视这样一点:要让学生自己去寻求问题的正确解答,这不仅对他们领会知识和掌握技巧,而且对他们的发展都具有重大的意义。这样,日积月累下来,学生的发展水平提高了,就为提高知识质量打下了可靠的基础。如果我们能在学生的发展上取得较好的成绩,而且这样所花费的时间反而会大大减少。因此,单从所花费的教学时间上来说,这样做归根到底还是很合算的。"

反思我们的教学,学生的自主性是不是没有得到重视呢?我也常常为了节省时间,采取比较"专制"的方式"霸占"了课堂,看似节省时间,其实节省的是学生自主学习的过程、学生的学习能力、学生的亲身体验……

正如在这一章的结尾所说:"所谓儿童的生活并不是指让每一个人单独地去苦思冥想。孩子们是在跟教师、跟同学一起交谈自己的想法,有时是相互讨论。这里面有游戏的成分,有开玩笑,也有笑声……当然,儿童在课堂上的生活,毕竟是以学习为主的一种精神存在的特殊形式。可是,只要是真正的、有血有肉的、不故意造作的生活,它就会是既自由自在又丰富多彩的。"

多元智能

内容提要

一、"多元智能"理论的提出

1983 年,美国心理学教授霍华德·加德纳发表了《智力的结构:多元智力理论》(简称 MI 理论)的著作。加德纳提出了一种全新的有关人类智力的理论,即智力多元论。该书发表后,在美国和世界很多国家的教育工作者中间引起强烈反响,受到广泛的好评。10 多年来,"多元智能"理论已经成为一些国家和地区教育教学改革的重要指导思想。"多元智能"理论及相关的教育实验研究正在世界各地产生着越来越大的影响。

二、关于人类智力的讨论

长期以来,心理学家和教育学家对于什么是智力,智力如何构成、发展等问题一直有不同的看法。

加德纳认为,传统的智力观过于狭窄,把智力主要限于语言和数理逻辑能力方面,忽略了对人的发展具有同等重要性的其他方面。智力并不是某种神奇的、可以用测验来衡量的东西,也不是只有少数人拥有。相反,智力是每个人都不同程度地拥有并表现在生活各个方面的能力。

加德纳的理论将智力定义为:"智力是在特定文化背景或社会中解决问题或制作产品的非常重要的能力。"

三、"多元智能"理论简介

加德纳在他的书中提出,每个人至少有八项智能:

1.语言智能:即有效地利用口头或书面语言的才能。

2.音乐智能:即感知、欣赏和创作音乐的才能。

3.数理逻辑智能:即有效利用数字和逻辑推理的才能。

4.空间智能:即准确感知视觉空间世界的才能。

5.身体运动智能:即善于运用身体来表达内心感受的才能。

6.人际交往智能:即察觉并区分他人的情绪、意图、动机的才能。

7.自我认识智能:也叫自省的智力。其主要是指接近自己内在生活情感的才能,是对人的内心世界的认知。

8.自然观察者智能:是1996年,加德纳又提出了的第八种智能,即洞察自然的才能。

四、"多元智能"理论对我们教育的启示

"多元智能"理论对我们的教育带来诸多启示:

1.有助于转变教育观。过去的教育,确实存在很大缺陷,但到底哪里不好,我们往往讲不清。那么有人就责怪说,素质教育不要考试了吗?其实,不是考试不好,而是以前的考试侧重的只是学生的语言和数学能力,似乎这两门学科就代表了学习的全部,而实际上这是一种狭隘的智力观。根据"多元智能"的理论,人的智力是多方面的。然而我们如今的教育基本上是一种以语言和数学教学为重点的教育,反映在考试上,我们特别强调语言和数学的测试。这种偏重某一些学科而淡化另一些学科的教育,是有极大缺陷的。

2.有助于端正学生观。加德纳的理论对于我们端正对学生的看法很有帮助。教师应该从各个不同的角度去了解学生的特长,并采取适合其特点的教学方法,使其特长得到充分发挥。"多元智能"理论特别符合因材施教的教育原则。

3.有助于形成多样化的教学观。"多元智能"理论强调每一种智能的发展实际上都有其独特的轨迹,我们的教学必须多样化,教学形式的多样化是发展学生"多元智能"的前提。

4.有助于丰富素质教育的理论基础。素质教育提倡发展学生多方面

的素质、这和"多元智能"理论非常接近。"多元智能"理论为实施素质教育提供了有力的理论基础。

5.有助于促进教师的教学行为。从国外研究看,"多元智能"理论不仅在理论上颇有新意,而且可以在课堂教学中得到具体运用。

阅读本书之后,也许人们会发现心理学领域的皮亚杰与比纳等人的工作,不过是一种煽动、引诱或鼓动,而且以学者的名义。遗憾的是这种罪孽在压抑大量的"另类人才"时却长期地受人尊重。加德纳告诉你,除了皮亚杰所欣赏的人才之外,还有大量的"另类人才"。与这些"另类人才"相关的另类智能包括:"音乐智能""空间智能""身体运动智能""人际关系智能""自我认识智能"。也许,加德纳的号召会让语言、数学逻辑之外的"另类人才"的生活从此过得不再卑微和委屈。而他们的生活是否会过得好起来,取决于学校教育是否能够勇敢地承认和接受"多元智能"的观念,将人才的标准转向"解决实际问题的能力"和"生产有效产品的能力";取决于学校是否能够勇敢地接受多元智能的两个假设:"让学生采用相同的学习方法将导致无效的学习";"有些知识和技能虽然必要,但没有人能够学会所有的东西"。"多元智能"的理论其实并没有多少创见,它不过"说破"了一个千百年来的经验事实。可是当这个事实一直被蒙蔽而在加德纳这里被"说破"之后,确实可以而且应该引起学校教育的眩晕和恐慌。学校教育如此自以为是地长期以"语言和数学逻辑智能"为选拔人才的铁定标准,倒真的需要有一些眩晕和恐慌的冲击。有趣的是,语言、数学智能之外的"另类智能人才"虽然在学校生活中一直受压抑,但走出学校之后他们的日子似乎并不比那些语言、逻辑智能"人才"过得差(常常是后者为前者"打工")。

加德纳的意见也许只是给学校一个提醒:与其如此,为何不让语言、数学逻辑智能之外的"另类人才"在做学生时就过上好日子呢?加德纳的第二个提醒是:"人生规划与职业指导"课程原本应该成为中小学生的必修课程;加德纳的第三个提醒是:大学入学考试除了像现在这样有"音乐""绘画""体育"等特殊专业招生之外,还应该有"管理心理学"专业(与之相关的智能为"人际交往智能"和"自我认识智能","管理心理学"专业应该不同于传统的"管理学"专业,这种"管理心理学"专业应该与音乐、绘画、体育等一样作为"特殊专业",而不以语言、逻辑智能为标准)。与之相应的第四个提醒是:大学应压缩与"语言、数学逻辑智能"相关的专业,扩展与"人际交往智能""自我认识智能""音乐智能""空间智能""运动智能"等相关的专业。

作者简介

霍华德·加德纳是世界著名教育心理学家,最为人知的成就是"多元智能理论",被誉为"多元智能理论"之父。美国哈佛大学教育研究生院心理学、教育学教授,波士顿大学医学院精神病学教授。任哈佛大学"零点项目"研究所主持人,专著超过 20 本,发表论文数百篇。超过 20 所大学颁给他荣誉学位。《纽约时报》称他为美国当今最有影响力的发展心理学家和教育学家。

哈佛商学院教授称"加德纳是本时代最明亮的巨星之一,他突出表现人类成功的不同智慧"。美国特质教学联盟主席称"推动美国教育改革的首席学者,加德纳当之无愧"。

1983 年,加德纳出版了一本名为《智力的结构:多元智能理论》的著作。

1.语言智能

是指有效地运用口头语言或文字表达自己的思想并理解他人,灵活掌握语音、语义、语法,具备将用言语思维、用言语表达和欣赏语言深层内涵的能力结合在一起并运用自如的能力。他们适合的职业是:政治活动家,主持人,律师,演说家,编辑,作家,记者,教师等。

2.数学逻辑智能

是指有效地计算、测量、推理、归纳、分类,并进行复杂数学运算的能力。这项智能包括对逻辑的方式和关系,陈述和主张,功能及其他相关的抽象概念的敏感性。他们适合的职业是:科学家、会计师、统计学家、工程师、电脑软件研发人员等。

3.视觉空间智能

是指准确感知视觉空间及周围一切事物,并且能把所感觉到的形象以图画的形式表现出来的能力。这项智能包括对色彩、线条、形状、形式、空间关系很敏感。他们适合的职业是:室内设计师、建筑师、摄影师、画家、飞行员等。

4.身体运动智能

是指善于运用整个身体来表达思想和情感、灵巧地运用双手制作或操作物体的能力。这项智能包括特殊的身体技巧,如平衡、协调、敏捷、力量、弹性和速度以及由触觉所引起的能力。他们适合的职业是:运动员、演员、舞蹈家、外科医生、宝石匠、机械师等。

5.音乐智能

是指人能够敏锐地感知音调、旋律、节奏、音色等能力。这项智能对节奏、音调、旋律或音色的敏感性强,与生俱来就拥有音乐的天赋,具有较高的表演、创作及思考音乐的能力。他们适合的职业是:歌唱家、作曲家、指挥家、音乐评论家、调琴师等。

6.人际交往智能

是指能很好地理解别人和与人交往的能力。这项智能善于察觉他人的情绪、情感,体会他人的感觉感受,辨别不同人际关系的暗示以及对这些暗示做出适当反应的能力。他们适合的职业是:政治家、外交家、领导者、心理咨询师、公关人员、推销等。

7.自我认知智能

是指善于自我认识和拥有自知之明并据此做出适当行为的能力。这项智能能够认识自己的长处和短处,意识到自己的内在爱好、情绪、意向、脾气和自尊,喜欢独立思考的能力。他们适合的职业是:哲学家、政治家、思想家、心理学家等。

8.自然认知智能

是指善于观察自然界中的各种事物,对物体进行辨别和分类的能力。这项智能有着强烈的好奇心和求知欲,有着敏锐的观察能力,能了解各种事物的细微差别。他们适合的职业是:天文学家、生物学家、地质学家、考古学家、环境设计师等。

多元智能课程

没有必要把八种智能都融入课程教学中去,而是从学生最喜欢的学习方式中找到"切入点"。

多元智能课程倡导对教材进行学习单元的设计。

多元智能评价

多元智能理论是以多维度的、全面的、发展的眼光来评价学生。加德纳认为,每一个孩子都是一个潜在的天才儿童。随着智能课程的实施,教师们发现,每一个孩子都有自己的"学习风格",所以教师应注意尊重学生的学习风格,认识学生的长处,发挥学生的智能所长。在具体的评价操作方法上,加德纳推荐了"学习档案"的评价方法。

译者的话(节选)

《多元智能》一书的作者霍华德·加德纳现为哈佛大学教育研究生院教授和该院《零点项目》研究所所长,被《纽约时报》称为美国当今最有影响力的发展心理学家和教育学家,被中国心理学界的权威人士认为是目前世界上最伟大的两名发展心理学家之一。《零点项目》研究所建立于1967年。其创始人哲学家纳尔逊·古德曼教授认为,艺术作品不仅仅是灵感的产物,艺术也不仅仅是情感和直觉的领域,它与认知无关。艺术过程是思维活动,艺术思维与科学思维是同等重要的一种认知方式。他还认为人们过去花费了大量的精力和金钱以改进逻辑思维和科学教育,对形象思维和艺术教育的认识却微乎其微。他立志从零开始,弥补科学教育研究和艺术教育研究之间的不平衡,将项目命名为《零点项目》。30多年来,《零点项目》成为美国和世界教育界持续时间最长、规模最大的课题组,最多时有上百名科学家参与研究,至今已经投入了数以亿美元的研究基金。该项目在心理学、教育学、艺术教育等方面取得了多项研究成果,仅加德纳教授一人就已出版了17本专著。1994年哈佛大学教育研究生院院长莫非教授发表文章称赞他们:"这个项目的研究对人类的智能理论发起了挑战,使我们对创造性和认知的理解更进了一步。它还使我们不得不再一次思考教育的内涵,思考未来教育的模式。"

《零点项目》的重要成果之一,就是加德纳教授1983年提出的多元智能理论,而他1993年出版的《多元智能》一书就是其理论和实践的最新总结。作者经过多年对心理学、生理学、教育学、艺术教育的研究,证明了人类思维和认识世界的方式是多元化的。作者通过大量心理学的实验数据和实例的观察分析,认为人类至少存在七种以上的思维方式。据此,他对人的七种智能,即语言智能、逻辑—数学智能、音乐智能、身体运动智能、空间智能、人际智能和自我认识智能作了定义(后来提出的另外两种智能即自然智能或博物学家智能,和存在智能正在论证之中)。他认为,实践证明每一种智能在人类认识世界和改造世界的过程中都发挥着巨大的作用,具有同等的重要性。作者还认为每个人与生俱来都在某种程度上拥有这七种以上智力的潜能,环境和教育对于能否使这些智力潜能得到开发和培育有重要作用。作者用研究证明:过去在西方流行的智商测试和传统教育,只重视课堂学习,忽视了社会实践。他在书中指出:单纯依靠用纸笔的标准化考试来区分儿童智力的高低,考查学校教育的效果,甚至预言他们未来的成就和贡献,是片面的。这样做实际上过分强调了语言智能和逻辑—数学智能,否定了其他同样为社会所需要的智能,使学生身上的许多重要潜能得不到确认和开发,造成了他们当中相当数量的人虽然考试成绩很好,走上社会后却不能独立解决实际问题的教育弊端,是人才的极大浪费。为此,十多年来《零点项目》在美国的多所中小学进行试验,运用多元智能理论来指导教育和办学。书中介绍了他们将学校带入社区的同时,又将社区和社会上有实践经验的专业人士引入学校,充分发挥儿童博物馆、科技馆的作用,用情景化的评估方法代替单纯使用纸笔的标准化考试的许多做法。此外,还介绍了在儿童多种智能的发现和培养、综合素质和解决问题能力的提高等方面的成功经验。特别值得一提的是,书中对于某些美国大学录取新生时偏重学习能力倾向测验成绩而忽视考查全面素质和实际能力的做法,提出了批评和改革的设想。1997 年 7 月 9 日到 12 日,来自美洲、欧洲、亚洲、大洋洲 22 个国家的教授、专家、中小学校长近 300 人在波士顿参加了哈佛大学举办的名为《多元智能理论新指南》的国际研讨会,交流了十年来各国运用多元智能理论进行教育、办学方针和教学方法改革的经验和体会,大会共收到来自爱尔兰、澳大利亚等国的论文 50 多篇。哈佛大学教育研究生院院长莫非教授在文章中对多元智能理论近来一系列试验研究的评价是:"他们的工作帮助教育家辨认和培养那些在传统教育中不被承认和没有被发现的智能强项,开发和试验了新的课程、新的活动、新的评估方法和教学方法,对美国各级学校有深远的影响。"很明显,多元智能理论可为我国当前大力推广的素质教育提供理论依据,《零点项目》已进行的多项试验可为我国转变应试教育的方法和手段提供参考。《多元智能》一书详细地介绍了这一理论产生的背景、特点及其在教育改革中的应用,既有心理学、教育学理论的根据,又有学校具体应用和操作的方法和实例,对于我国当前变应试教育为素质教育的改革,有极为重要的参考价值。

其中第九章专门介绍了《零点项目》1985年设计的艺术教育课程和方法的改革项目——《艺术推进》。该项目的成果已在匹兹堡和马萨诸塞州剑桥市的学校中被采用并获得成功。1991年12月美国《新闻周刊》在世界范围内评选模范教育项目，美国只有该项目和加州理工学院的《研究生的科学教育》项目当选。因此译者认为，向我国教育行政管理人员、各级学校校长、教师甚至学生本人介绍多元智能理论及其在美国跨世纪教育改革中的实践经验，有重要的现实意义。

《多元智能》节选

我对"以个人为中心的学校"的重要性和必要性之所以深信不疑，来源于两个彼此不同，却又环环相扣的观点。

首先，人与人心理智能不同的观点，已经广为接受，教育方法的确立，就应该反映这个差异。我们不能忽视，不能假设每个人都拥有（或者应该拥有）相同的心理智能，而是应该努力确保每个人所受的教育，都有助于受教育者最大限度地发挥其职能潜力。

第二个观点同样重要。过去这样的观点可能曾经是正确的，即一个人只要认真投入并刻苦努力，就可以掌握世界上所有的知识，至少可以完全掌握某些方面的重要知识。只有这个目标可以达到，提供统一规划的课程才能站得住脚。然而现在却发现，没有一个人能完全精通某一单独学科的知识，更不要说精通所有的知识、拥有所有的能力了。文艺复兴时期男人和女人精通广博学识的时代已经一去不复返。既然必须选择范围和重点，就要选择对一个人适合的发展道路。虽然多元智能理论不应用来对学生求学或就业的方向指手画脚，但它在给予建议、帮助选择的时候，却是合理的。一旦我们决定脱离统一规划的学校教育，就需要完整的模式，认真地分析每个人的智能状态，使教育在每个人身上得到最大的成功。

最近我一直在努力思考,怎样设计这样一个以个人为中心的学校。我个人所参加的多项实验性研究,都是为了最后能知道哪些模式比较理想。给出一所一个人为中心的学校框架,最好的办法就是介绍这所学校或学校体制的各种角色。

评估专家

第一个角色我称之为评估专家。其任务是对儿童在学校所表现出来的特别才能、倾向和弱点,定期提供最新的评估。但这种评估不能主要以标准化考试为基础。根据我的分析,标准化考试的方法,对两种类型的人比较有利:一种是拥有特殊的语言智能和逻辑智能组合的人,另一种就是善于适应中立的、非情景化评估工具的人。我相信任何新的评估方法,都必须符合以下三个标准。第一,必须是"智能展示"的方法,即能够直接观察到一种智能的潜力,而不必通过教学和逻辑的"反光镜"。第二,他是必须具有发展的眼光,也即评估儿童在一定发展阶段的方法。第三,他必须和推荐相关联,也即对一个具有特定智能测绘图的儿童,评估所得的分数和评语,必须和这名儿童推荐的活动相关联。完成这样的评估且定期更新,显然不是件易事。要想成功地实现它,教师必须对所评估的智能感觉敏锐,在学生参与有意义的活动和项目时,能够恰当地观察。在需要精神评估的时候可以使用标准化的工具,但绝不能让其占支配地位。

学生课程代理人

第二个角色是"学生课程代理人"。他们和学生、家长、教师、评估专家一起参与智能的发现和推荐。课程代理人根据最近的评估而得到的智能分析结果,向学生提出选修什么课程的建议。在统一安排课程的情况下,则向学生提出怎样才能学好有关内容的建议。既然有选修课程,学生就应该知道自己的倾向。但这并不意味着被迫修某些课程(这与选修的意义相矛盾)。相反的,知道自己的强项,有助于选择特别适合自己学习方法的课程。对于同一的课程或必修课程，学生的倾向信息同等重要。因为即使课程本身是强制性的，也没有理由必须用同一种方法去教每一个人。

学校—社区代理人

以个人为中心的学校的第三个角色就是"学校—社区代理人"。正如学生课程代理人力求在学校内协调学生的行为一样，学校—社区代理人的目的，是增加学生发现自己智能状态的职业或副业的机会。为实现这一目的，代理人要汇集师徒传授、家庭辅导、社区组织等各种学习信息，其中每一个学习机会都是一种特定智能组合的范例。这些信息储存于数据库中，供有兴趣的学生和家长使用。必须强调的是，设计出这三种角色并没有贬低或削弱教师作用的意思。

事实上这三种人能够使教师解脱出来，以更多的时间致力于和学科有关的工作，选择最适合自己智能特点和知识强项的方法来教学。我为骨干教师也设计一个角色，那就是了解并保证有特殊需求的学生，经过专家和代理人提出有关教育的建议，都得到满足。在谈论以个人为中心的班级或学校时，我必须说明丝毫没有提倡个人主义、以自我为中心或自我崇拜的意思。恰恰相反，实际上在以个人为中心的教育环境中，相互合作才是最重要的。我所强调的是，应认真对待每个孩子的特质、兴趣和目标，尽最大的可能帮助他们体会到自己的潜能。这就是我所希望的将来引入学校的三个角色或三种结构。

这样的学校是什么样子的呢？怎样建立这样一个学校及其社区呢？以下是我和蒂娜·波利斯对这样一个学校各个方面所作的描述。

我们理想中的学校。我们想象中的学校将努力培养学生更深入地理解几个核心学科，并且鼓励学生应用这些知识在更广泛的社区内解决可能遇到的问题，完成必要的工作。同时，这所学校鼓励每一个学生发挥独特的智能组合并为之提供定期的、公正的职能发展的评估。为了实现这一目标,学校要从非学校教育的成功案例中吸取灵感。学校模仿儿童博物馆那种新奇的、引人入胜的方式,在学校内创造一种气氛,使学生能够自由自在地探求新鲜事物和陌生的环境。

学校还会按照传统师徒传授的方式,在学生单独完成个人专题作业时给予持续的指导和鼓励。由于不受限制且目标明确,师生易于合作。

理想的活动。我们学校一天的活动,都反映着这些理想,上午的时间,学生用非传统的方法学习传统学科,所有的科目,像数学,社会学科,读、写以及自然科学,都通过学生专题作业的方式来完成。这样可使学生深入研究教材中的某些特别层面,探索该领域专家们碰到的问题。例如他们可以试图了解关于某一历史事件互相矛盾的报道,或者探讨科学问题并通过小规模的实验来加以研究解决。我们的《艺术促进》项目的合作研究,可为这种通过专题作业的学习方式提供完整的模式。这个研究项目开发了一整套练习,帮助学生专注于各种艺术形式的单一层面(如视觉艺术中的构图、戏剧创作中的角色描写、音乐的排练等)。学生在完成专题作业的过程中,全部草稿、修改稿、最后定稿和观察资料,都保存在艺术夹或作品集中(或许称为过程作品集更确切)。这份创造性成长过程的记录,可以成为学生反思自己作为学习者和初出茅庐的艺术家的催化剂。

深入社区的学习。下午的课程是上午课程的延伸。学生和老师一起到社区去进行深入的场景化的学习和探索。低年级学生和老师经常去儿童博物馆、运动场、剧院举办的有群众参与的特别演出、交响音乐会或美术馆。这样的游览和一般的郊外旅游不同,因为一年里班级要返回相同的地点好几次。学生们可以继续因千次的参观而开始的专题(也许是在当地美术馆创作一件雕塑品,或继续研究水族馆中螃蟹的生态),也可以在他们喜爱的活动中练习有关技巧(在儿童博物馆中检查蝴蝶标本或在交响乐示范时敲定音鼓)。教师事先要告诉孩子们这些与班级有关活动的计划,并使他们做好思想上的准备。事后用同样的方法,了解他们的体会和意见。这种桥梁连接式的教育,可采用类似正在进行的《多彩光谱》项目中的课程方案。这些课程通过成套的活动,努力在学前课程和博物馆展览之间建立联系。这些活动根据儿童感兴趣的内容来设计,可在学校、博物馆、家庭环境中进行,以激发儿童的智能。

自由探索。无论在博物馆或是在我们所设计的多彩多姿的学校环境中,都要允许儿童自由探索,并鼓励他们提出问题。教师及其助手和其他成年人都要为他们所负责观察的儿童做记录(或先记在心里过后补记),在观察孩子们的表现时,主要注意哪些学生对特定的活动或展览表现出兴趣或展示出技巧?他们问些什么问题?对什么人物感到困难?老师和观察人员记录吸引学生的活动以及他们学习特定教材时的进步情况,在一定阶段后父母就会收到一份项目报告。这报告以短文的形式详述孩子的智能状况,向家庭或者社区提出建议,可以采用哪些活动和方法来帮助这个孩子,使他在擅长的领域内都能有所提高。

学生个人档案。在根据多元智能理论建立的学校里,上述报告起着重要的作用。老师和家长观察儿童在教室校外活动货架贴中完成作业和专题的情况,并将观察记录放进学校评估小组为每个孩子所保存的档案里。另外一种可能的方式,就是用录像带记录学生所做的专题、活动、个人的观察和爱好等。

把社区引入学校。我们理想的学校不仅仅带学生走进社区,还要把社区引入学校。孩子们将向社区成员中的志愿者学习,根据兴趣分享他们的技艺和专业知识。此外,在欢乐的时刻里,学生有充分的时间参加他们自己感兴趣的游戏、活动,以实现自己脑中的想法。这里要强调的是,学生能够探索他们在典型的学校课程中不一定会被发现的兴趣和能力。

社区中的成年人可以两种方式参与这种教学。一种人成为师傅,贡献出他们的时间和小徒弟一起亲密的合作；另一些人并不直接和徒弟工作，而是在具体项目中给予指点。每个参与这种教学的成年人，都要和学校的社区联络组成员保持接触，而社区联络组则将潜在的师傅和专题保存在社区和学校的机会选择库里。对以个人为中心的教育理想保持批评和保留态度，我能够理解。但有一种批评我却无法接受，那就是批评以个人为中心的教育是乌托邦式的幻想，这种常见的论调，就是认为根据每个儿童特殊智能上的强项和倾向来实施教育，既昂贵又不实用。按照这种观点，即使以个人为中心的教育在原则上有可取之处，但为了实用的理由、经济节约的理由，而不是从科学或价值的角度出发，我们必须采用统一的方式办教育。

大教学论

内容提要

《大教学论》，1632 年用捷克文写成。1635—1638 年间，作者夸美纽斯听从友人的劝告，把它译成了拉丁文，同时做了修改和补充。1657 年，他将该书列为《教育论著全集》的首卷首篇公开发表。此书很晚才传到中国，20 世纪初，我国学者王国维对它的内容曾做过简要介绍。1939 年商务印书馆出版了傅任敢的中文译本《大教授学》，后又改译为《大教学论》。1957 年由人民教育出版社出了新 1 版，译者去世之前，又将译文做了较大修改，作为外国教育名著丛书的一本，人民教育出版社于 1984 年出了新 2 版。全书共 760 页，20 余万字。

本书是夸美纽斯在批判地总结前人的研究成果的基础上，经过长期构思、几经修改而写成的重要教育论著。正如作者在本书开篇所写的，本书主要阐明把一切事物教给一切人类的全部艺术。其写作目的是：寻求并找出一种教学的方法，使教员因此可以少教，但是学生可以多学；使学校因此可以少些喧嚣、厌恶和无益的劳苦，多具闲暇、快乐和坚实的进步；并使基督教的社会因此可以减少黑暗、烦恼、倾轧，增加光明、整饬、和平与宁静。

该书除前言《致意读者》等部分外，共计三十三章，主要内容如下。

第一章至第五章主要讨论了人生的目的。作者以《圣经》的《创世纪》为根据，加上传统的神学目的论，认为人不仅要认识自己，而且还要认识上帝，因为上帝是永生、智慧和幸福的根源，人是上帝的造物、爱物和形象。人的终极目标是死后、来生，与上帝相结合。人的生活和住所都有三重,即母亲的子宫、世上和天堂,从第一重到第二重,人经历的是诞生;从第二重到第三重,人经历的是死亡与复活;到第三重就永不再动、歇在那里。

他认为,现世的人生严格讲并不是人生,而是永生的序幕,世间的生活只是永生的一种预备,其目的是使灵魂利用身体作中介,去为未来的生活预备各种有用的事情。人的终极目标是与上帝共享永恒的幸福,为此,人在有形的造物之中要成为:理性的动物,一切造物的主宰和造物主的形象与爱物。人生成就要:熟悉万物,具有管束万物与自己的能力;使自己与万物均归于万有之源的上帝。人类的一切优点都完全表现在博学、德行和虔信这三种品质中,这是今生与来生的基础,是我们生活的要点。

第六章至第九章讨论了教育的目的和教育、学校在人的发展中的作用。作者认为,知识、德行与虔信的种子是天生在我们身上的,但应该从祈祷、教育、行动中去取得,只有受过恰当教育之后,人才能成为一个人。教育的目的,就是要从知识、道德、虔信、艺术和身体等方面去发展人。凡是生而为人的人都有受教育的必要,一个人愈是多受教导,他便愈能按照准确的比例胜过别人。塑造人、教育人,应从少年儿童时期开始,因为这时候欲望正在沸腾,思想很迅捷,记忆很牢固。因此,在很小的时候,就要把人形成到合乎智慧的标准,养成良好的习惯。

作者认为,学校的产生为少年儿童接受教育创造了必要的条件,他建议,不仅有钱有势的人的子女应该进学校,而且一切城镇乡村的男女儿童,不分富贵贫贱,都应该进学校。他坚信人受教育而能获得发展的可能性,驳斥"智力迟钝"儿童不宜学习的论调。指出,人的心性愈是迟钝孱弱,他便愈加需要帮助,使他能尽量摆脱粗犷和愚蠢。世上找不出一个人的智性孱弱到了不能用教化去改进的地步。

第十章至第十四章论证了改革旧教育的必要性与可能性,设立新学校的基本原理。作者认为,人人应该受到一种周全的教育,应该借助学校做到:通过科学与艺术的研究来培植我们的才能;学会语文;形成诚笃的德行;虔诚地崇拜上帝。学校应成为造就人的工场,实现真正的人生目的。夸美纽斯指出,当时没有一所完善的学校,设立了学校的地方,学校不是为整个社会设立的,而只是为富人设立的;学校教导青年的方法是非常严酷的,学校变成了儿童恐怖的场所,变成了他们的才智的屠宰场,大部分学生对学习与书本都感到厌恶;继续学下去的人都没有获得一种认真的或广博的教育,获得的只是一种荒谬的和害人的教育;学校培养不出合乎德行的品性,培养出的只是一种虚伪的道德外表,一种令人生厌的、外来的文化皮毛和一些专务世俗虚荣的眼光与手脚。

夸美纽斯特别强调要改革旧教育,创办新学校。新教育的体系主要有以下内容:(1)一切青年都能受到教育;(2)他们都能学到一切可以使人变成有智慧、有德行、能虔信的科目;(3)教育是生活的预备,能在成年以前完成;(4)实施教育不用严酷或强迫的方法,而用温和轻快、自然的方法;(5)这种教育应是真实的、彻底的;(6)教育是轻松的,课堂教学每天只有 4 小时,一个先生可以同时教几百个学生,而所受的辛苦要比现在教一个学生少 10 倍。他根据日月运行、动物的活动、人体结构、国家组织以及马车、大炮、印刷机和时钟的机械原理,证明在宇宙万物中存在着一种普遍的自然秩序,并把教育适应自然作为改革学校的主导原则。他要求教师像园丁、画家和建筑师那样步随自然的后尘,从自然中寻找教育工作的秩序。秩序是把一切事物教给一切人们的教学艺术的主导原则,这个原则彻底地被掌握以后,艺术的进行立刻便会同自然的运行一样容易。作者提出了教学的五项原则:(1)延长生命的原则;(2)精简科目,使知识能够更快地获得的原则;(3)抓住机会,使知识一定能被获得的原则;(4)开发心智,使知识容易获得的原则;(5)使判断力变锐利,使知识能够彻底地被获得的原则。

第十五章至第十九章重点讨论了教学理论,详细论证了提出的教学原则。作者指出,良好的学校组织主要在于工作与休息分配得当,有赖于读书、松缓、紧张的间隙与娱乐的分配。教师要引导儿童遵守饮食有节制、身体有运动、注意休息这三个原则,尽可能长久地保持生命与健康。为了使儿童能茁壮成长,作者对教与学提出了一系列要求和建议,如人类的教育要从儿童时期开始;早晨最宜读书;一切学科都应加以排列,使其适合学生的年龄;书籍与教学所需的材料必须事先准备好;例证应比规则先出现;时间与学科的划分应该严格遵守等。在这部分作者列举了大量的自然现象,并结合教学案例进行了详细论证,最后归纳出规则。夸美纽斯着重对教学的便易性、彻底性和迅速性原则进行了阐述,提出了许多宝贵的建议。如废除强制灌输的方法,多方激发儿童学习的自觉性和主动性;教学应从观察开始,运用直观方法;教学内容的安排要由易到难,由简到繁,由近及远,从一般到特殊,务使先学的为后学的扫清道路;依据学生的智力特点安排课程;加强练习、实践以巩固知识;实行班级授课制,制订详细的教学计划,等等。

　　第二十章至第二十四章主要讨论了各科具体教学法和道德、宗教教育方法。作者认为,科学是关于自然的知识,讲授科学必须遵守下列规则:(1)向学生讲授所有应该知道的事物;(2)所教的内容能在日常生活中应用;(3)要通过事物的原因去教;(4)先教事物的一般原则,后教事物的细节;(5)一切事物都必须按照适当的顺序去教授;(6)要强调事物之间的区别,使学生得到的知识更清晰和明白。艺术与实践息息相关,学生学会一种艺术,除了备好工具、材料和模型之外,还需要三件事:材料的正确利用、熟练的指导、经常实践。因此,艺术的教学必须强调模仿、练习和不断的实践。语文是一种手段,可使我们得到知识,并把知识传授给别人。语文教学要注意掌握语法规则和事物的学习相联系、多实践运用这三个问题。

夸美纽斯认为,学校是人类的锻炼所,一切德行都应当培植到青年身上。在道德教育方法上,他提出了以下建议:(1)主要的德行,如持重、节制、坚忍与正直应当首先培植;(2)持重应当从接受良好的教导,从学习事物间的真正区别和那些事物的相对价值去获得;(3)节制应当在儿童的饮食、睡眠与起床、工作与游戏等方面去培养;(4)坚忍应当从自我克制中学习;(5)德行应该在邪恶尚未占住心灵之前,早早就教;(6)德行是由经常作正当的事情学来的。

第二十五章主要讨论了教材问题,他认为《圣经》是知识的唯一真实来源,学生应以全部时间去寻求它们的真实意义。

第二十六章"论学校的纪律"。夸美纽斯认为,纪律是学校的发动力和推动力,但纪律教育不是强制和鞭挞,应该用良好的榜样、温和的言辞,并且不断诚恳地、直率地关心学生,突发的愤怒只能用在例外的情境上面,应当存心使结果能恢复良好的感情。

第二十七章至第三十一章讨论了统一的学校制度以及各级学校的基本方案。夸美纽斯认为,人从诞生到24岁是青春岁月,是培植才智的时期。学习应从婴儿期开始,一直持续到成年,这24年的时间可分为四个明显阶段:婴儿期、儿童期、少年期和青年期,每期六年,相应地建立符合其年龄特点的学校。在家庭设立母育学校,由母亲对1—6岁的幼儿进行学前教育,主要锻炼各种感觉器官,使之辨别周围的事物,为以后成长打下基础。在每个乡村和城镇设立国语学校,对所有6—12岁的儿童进行初等教育,主要利用阅读、书写、图画、唱歌、计数、量长、测重及记忆各种事物等方法去训练想象力、记忆力,并发展智力。在每个较大的城市设立拉丁学校,学生应当受到训练,利用辩证法、文法、修辞学以及其他根据因果法则的科学与艺术,去领悟感官收集来的知识并加以判断。在每个国家或省设立大学,对18—24岁青年中的"智者"进行高等教育,学习与意志紧密相关的四科,即神学教我们恢复灵魂的和谐;哲学教我们恢复心灵的和谐；医学教我们恢复身体上主要功能的和谐；法学教我们恢复外界事务的和谐。夸美纽斯认为，这四种学校既相联系，又相区别，母育学校和国语学校收容一切男女青年；拉丁语学校对于志向超出工场以上的学生给予更彻底的教育；大学则训练未来的教师和学者，使教会、学校与国家永不缺乏适当的领袖。

第三十二章是作者对改良旧学校、改革旧教法，设立新学校、采用新教法的总结。作者认为，新的教学方法有以下优点：(1)较之过去的方法，较少的教师可以教较多的学生；(2)这些学生可以得到比较彻底的教导；(3)教导可以进行得较细致、较愉快；(4)这种方法对于愚蠢、落后的孩子也有效；(5)即使没有教学天才的教师，也能用它从中得到好处。

第三十三章论述了实现他的教育理想应具备的条件。他呼吁教师、学者、神学家和帝王、官吏全力支持和实现他的教育理想。

本书是夸美纽斯的代表作。该书不限于教学问题的研讨，论述了教育理论和实践的各种问题，总结了历史和当时的教育教学经验，提出了许多宝贵的见解和一系列有利于发展资本主义的教育措施。

本书是西方近代最早的有系统的教育学著作，它标志着独立的教育学产生于世。本书创立的教育学体系，奠定了资产阶级教育理论的基础。

本书对世界各国的教育发展产生了深远影响，书中所提的班级授课制是教育史上的进步之举。由个别教学变为集体教学，为学生创造一个相互学习和激励的环境，不同课程的变换有利于学习兴趣的提高。这对普及教育和大面积提高教学效率具有重要意义。经过夸美纽斯的提倡，它首先在欧洲广泛推广开来，之后又扩散到其他各洲。在以后的几百年教育发展中显示了强大的生命力。本书提出的直观教学等一系列教学原则，至今仍被教师用于教学实践之中。

本书提出的一系列措施，启迪了近代世界各国的教育革新运动。以当时德国为例,30 年战争后,哥达公国为恢复被 30 年战争所破坏的教育,根据本书的思想进行教育改革。1642 年颁布"学校法",这个法令是以夸美纽斯主张的"国语学校"为蓝本制订的,这对以后哥达成为欧洲教育最发达的地方起了重大作用。

由于时代的限制,本书也有其局限性。一是过分强调"适应自然原则",认为感觉是认识的起点和源泉。把教学方法、教学原则同自然现象机械地、简单地类比,把教学过程建立在了感觉论基础之上。二是坚持基督教的基本信条,把神学原则和《圣经》的一些思想贯穿在了本书中,使本书具有神秘的宗教神学色彩。

作者简介

夸美纽斯(1592—1670),捷克著名教育理论家和实践家,资产阶级教育理论的奠基者之一。生于新教派"捷克兄弟会"会员家庭。12 岁失去双亲,中断了学习生活。16 岁由兄弟会资助进入普雷洛夫市拉丁文法学校接受中等教育。1611 年,又由兄弟会选送到德国的赫尔博恩大学学习哲学和神学。在大学期间,他系统学习了古代思想家的著作,研究了人文主义者的思想,接触了新兴的自然科学知识,了解了宗教改革以来各国的教育发展动向,探讨了当时德国著名教育家的教育革新主张,为他后来从事文化教育活动打下了良好的根基。1614 年,他回到捷克,在母校普雷洛夫拉丁文法学校任教,1618 年调任富尔涅克城牧师兼兄弟会学校校长。同年,30 年战争爆发,捷克完全丧失了独立,新教徒惨遭迫害,夸美纽斯开始了颠沛流离的生活,失去了全部家产、书稿和妻儿。1627 年,随同三万户兄弟会员家庭迁往波兰的黎撒避难,先在该地兄弟会中学任教,后来担任了校长,又被推选为兄弟会长老。在这里,他完成了他的一些最重要的著作:拉丁文教科书《语言学入门》(1631 年)、教育学巨著《大教学论》(1632 年)、学前教育专著《母育学校》(1632 年)、中学物理教材《物理学概论》（1633 年）。其中《语言学入门》一书很快被译成了 12 种欧洲文字和四种亚洲文字，在各国广泛流行，使夸美纽斯获得了世界声誉。

1634 年起，他开始探讨"泛智论"。1639 年出版了《泛智论导言》。1641 年，英国邀请他主持编纂"泛智论"工作。不久英国发生内战，1642 年又应邀到瑞典协助解决拉丁文教学问题，用六年时间为瑞典编写了一套拉丁文教科书、教学法指导书和字典。1648 年，30 年战争结束，他再次回到黎撒主持宗教与教学事务。1650 年，接受匈牙利德兰西瓦亚公国的邀请，担任长年教育顾问，创办了一所泛智学校并自任校长。在此期间，他主要撰写了《泛智学校》（1650 年）、《论天赋才能的培养》（1650 年）、《组织良好的学校的准则》（1652 年）、《青年行为守则》等教育著作和论文。还编写了著名的儿童初级读物《世界图解》（1654 年）。这是一本简化的语言入门，为年龄太小、不能学语言入门的孩子所写，也是世界上最早的附有插图的对儿童进行启蒙教育的小百科全书，被译成了多种文字，流行了近 200 年。1654 年，他再次回到黎撒，继续研究"泛智论"。1656 年，黎撒城毁于波兰与瑞典的战争，夸美纽斯应邀前往荷兰阿姆斯特丹工作和定居。从 1657 年起，他将他的教育专著、论文和教科书汇编成《教育论著全集》（四卷）陆续出版，留给了人类一份珍贵的教育历史遗产。

夸美纽斯吸收了欧洲文艺复兴以来人文主义教育成果，反映新兴资产阶级的教育要求，总结自己长期的教育理论与教育实践，全面系统地论述了资产阶级教育问题，奠定了欧洲近代资产阶级教育理论的基础。

教育论

内容简介

《教育论》一书是由斯宾塞从 1854 年起连续在杂志上发表的 4 篇论文汇集而成的。在这 4 篇论文汇集成书出版时,他对个别章节做了一些修改,增加了一些重要内容,又在文字上进行了推敲。

《教育论》一书是斯宾塞教育理论的完整表述。该书出版后,在英国以及世界上许多国家产生了很大的影响,极大地推动了近代科学知识和科学教育的发展。

一、"什么知识最有价值?"

1.对传统的古典主义教育的批判。

斯宾塞指出,在当时的英国学校教育中,"装饰主义"的传统习惯势力十分强大,以至教育中装饰胜过了实用。在古典主义教育传统的影响下,英国学校教育所考虑的不是什么知识具有真正的价值,而是什么能获得最多的称赞、荣誉和尊敬,什么最能取得社会地位和影响,怎样表现得最神气。

由于古典主义教育的传统习惯势力,学生在学校里所学的内容除读写算外,大部分都同生产活动无关,而同生产活动直接关系的大量知识又完全被忽略了。为了受到所谓的"绅士教育",以及获得某种能受人尊敬的社会地位,学生必须死记硬背拉丁文和希腊文。然而,斯宾塞认为,学生在他整个一生中,十之八九用不到拉丁文和希腊文,这是大家都熟悉的老生常谈。

由于学校教育所追求的是装饰先于实用,课程内容的安排很少考虑是否真正对一个人的心智发展和社会进步有好处。尽管科学知识已是近代社会生活成为可能和继续发展的基础，但是人们并没有注意这个事实，而因司空见惯而忽略了。斯宾塞认为，学校课程中忽视比其他一切都重要的科学知识学习。如果一直这样下去，近代英国社会就会同在封建时代一样。

总之，崇尚古典主义教育的英国教育制度的根本缺点就在于：它为了花而忽略了植物，为了想美丽就忘了实质。

2.教育预备说。

在外国教育史上，斯宾塞第一次明确地提出了"教育预备说"。他指出，怎样生活是我们的主要问题，例如，怎样对待身体，怎样培养心智，怎样处理事务，怎样带好儿女，怎样做好公民，怎样利用自然资源，等等。因此，怎样去过完满生活？这个既是我们需要学的大事，当然也是教育中应当教的大事。为我们的完满生活做准备是教育应尽的职责；而评判一门教学科目的唯一合理办法就是看它对这个职责尽到什么程度。

总之，斯宾塞认为，教育就是教导一个人怎样生活，使他获得生活所需要的各种科学知识，为他的完满生活做好预备。

3.科学知识最有价值。

斯宾塞指出，在科学教育与古典教育之间的争论中，首先要解决知识的比较价值问题。在一切教育问题中，这是至关重要的问题。由于学生的学习时间是有限的，因此就更加需要对知识的价值进行比较，从而把有限的学习时间花在最有价值的知识学习上。价值最大的给予最大注意，价值小些的就注意少些，价值最小的就最少注意。

在《教育论》中，斯宾塞阐明了一种崭新的观点，那就是，什么知识最有价值？一致的答案就是科学。这是从所有方面得来的结论。就科学知识与指导人类活动的关系来说，世界上的一切活动都离不开科学知识。如果缺乏科学知识，在近代社会的许多生产行业中，人们就会有这样或那样的损失，而且有时损失会非常大。因为科学知识使我们能够熟悉事物的构成，征服自然，使自然顺从人们的需要。就科学知识与艺术的关系来说，艺术活动也离不开科学知识。美学一般必须以科学原理为根基，而且只有熟悉这些原理，美学的工作才能完全成功。就科学知识与教育的关系来说，教育同样离不开科学知识。科学知识作为学校的课程内容，对于学生来说，具有最大的价值。因为天才只有和科学结婚才能获得最好的结果。

因此，在科学知识最有价值的前提下，确定知识的比较价值就是确定哪些知识对我们最有用处。斯宾塞认为，由此出发，知识的比较价值可以确定为下列一个次序：关于直接保全自己的知识；关于获得生活必需品养活自己的知识；关于家庭幸福所需要的知识；关于社会福利的知识；关于培养各种艺术爱好的知识。这个次序应该是安排学校课程内容的基础和出发点。

4.制定以科学知识为核心的课程体系。

斯宾塞指出，根据人类生活的5种主要活动的重要程度，可以把各种教育排列成一个合理的次序。那就是：准备直接保全自己的教育；准备间接保全自己的教育；准备作父母的教育；准备作公民的教育；准备生活中各项文化活动的教育。由此出发，制定一个以科学知识为核心的课程体系。

这样的课程体系，斯宾塞认为，应该包括5个部分：第一部分是开设生理学、解剖学。这是阐述生命和健康规律，直接保全自己或是维护个人的生命和健康，并使他们保持精力充沛和具有饱满情绪的知识。第二部分是除读写算外，开设逻辑学、几何学、力学、物理学、化学、天文学、地质学、生物学、社会学等。这是与生产活动有直接关系，可以提高生产活动效率和赚取最大利润，从而间接地保全自己的知识。第三部分是开设心理学、教育学。这是为了正当地履行父母的职责，更好地教养自己的子女所需要的知识。第四部分是开设历史。这是作为一个社会公民合理地调节自己的行为和履行社会义务所需要的知识。第五部分是开设了解或欣赏自然、文化、艺术(包括绘画、雕刻、音乐、诗歌)知识的科目。这是为了更好地度过闲暇所需要的知识。

二、智育

在探讨教学原则与方法问题时,斯宾塞主要论及了两个方面:

1.教学必须适合心智演化的自然过程。斯宾塞指出,要反对古典教育的传统教学方法,同时采用建立在儿童心智演化的自然过程基础上的新的教学方法。因为儿童心智演化有个自然过程,干扰它就会发生损害,所以我们必须遵循它的规律,而不能把人为的形式强加于它。

为了使儿童更好地学到科学知识,而不对学习产生厌恶之感,教师必须学习和掌握心理学知识,研究儿童心智演化的自然过程,根据儿童能力自然发展的次序进行符合自然的教学。斯宾塞认为,这也是教育的一个秘诀:知道怎样聪明地花费时间。

2.适合儿童心智演化的自然过程的教学法原理。在教学必须适合心智演化的自然过程的前提下,斯宾塞提出了7条教学方法原理:

(1)从简单到复杂。在课程和教材的安排上,无论在整体上还是在细节上都应该从简单到复杂。在教学过程中,开始应该少教几门课程,然后逐步增加,最后才可以所有课程同时齐头并进。因为掌握每门课程必须通过一条从简单观念逐渐到复杂观念的道路。

(2)从不正确到正确。由于把确切的观念教给未发展的心灵是做不到的。即使做到也没有好处。因此,教学必须从粗糙的概念开始,然后逐渐得到确切的完整概念,真正理解高深知识的正确定义。

(3)从具体到抽象。在教学过程中,教师应该从具体的事例开始,通过具体的事例来讲授原理。就实物教学来讲,它不应该限于学校内和教室内的东西,而应该扩大到更大范围的事物。包括田野、树丛、山边、海洋的事物;它也不应该在儿童早期一结束就停止,而应该继续到青年期。总之,教学应该从具体开始而以抽象结束。

(4)儿童的教育在方式和安排上必须同历史上人类的教育相一致。如果人类在掌握各种知识中有个次序的话,每个儿童就会倾向于按照同一次序去获得这些知识。因此,按照人类心智发展的步骤来引导每个个别儿童的心智发展是十分重要的。只有研究人类文化中的方法,才能指导教育者决定正确的教学方法。

(5)从实验到推理。每种学习都应该从纯粹的实验入门,然后在充分观察和积累大量经验之后才开始推理。因此,在教学过程中,要求学生先进行实验和观察,再进行推理。

(6)引导儿童自己去进行探讨和推论。儿童只有通过他的自我主动性,通过他的第一手经验和发现,才能令人满意地掌握科学知识。因此,教学中应该尽量鼓励个人发展,给儿童尽量少讲些,而尽量多地引导他们去发现。因为儿童自己得来的任何一种知识,自己解决的任何一个问题,由于是他们自己获得的,就会比通过其他途径得来的更彻底地属于他们所有。

(7)在学习中造成一种愉快的兴奋。在教学中,必须注意引起儿童的兴趣,必须努力运用引人入胜的方式来介绍知识,使获得知识成为一件愉快的而不是苦恼的事情。因为儿童爱好某种知识,就意味着在发展的心智已经能够吸收它;反过来,他们讨厌某种知识,就表明那种知识提出得过早或者按照那个形式是不能消化的。如果给儿童硬塞一些他们不感兴趣和不能消化的知识,就会使他们的能力发生病态,而对一切知识产生厌恶。为了使儿童更加主动地获得知识,一切教学都应该带有乐趣。斯宾塞还强调了两个最重要而最被忽视的一般原则:一是整个教学过程应该是一个自然教育的过程。这不仅保证儿童所获得的事实与知识的鲜明性和巩固性;而且使他们把获得的知识不断地加以组织;还有助于他们培养日后生活中所需要的品格。二是整个教学过程也应该是一个愉快的教育过程。这不仅能够引起儿童内在快乐和带来满足；而且使儿童的教育不至于在离开学校时就停止。

三、德育

1.德育的目的和原则。

斯宾塞指出，道德教育的目的应该是养成一个能够自治的人，而不是一个要让别人来管理的人。

由此，"自然后果"的教育应该作为道德教育的根本原则。因为真正有教育意义和真正有益健康的后果并不是家长们自封为代理人所给予的，而是自然本身所给予的。作为家长来讲，其职责在于使儿童一贯体验到他们行为的真实后果。例如，一个儿童把东西乱扔乱放，家长或保姆不应该把他丢散的东西收拾好，而应该使他下次得不到自己所丢散的东西。这时候他就会认识到不能乱扔乱放东西。对于这个儿童来说，这显然是个自然后果，既没有扩大也没有减少。这种惩罚的特点在于它只是儿童的那个行动的不可避免的后果，只是儿童的那个行动所引起的必然反应。但是，对于自然的后果，既不要避开它，也不要加重它，更不要用人为的后果去代替它。

"自然后果"教育的优点是：第一，儿童由于个人经历了好坏后果，他们就能够获得关于正确和错误行为的理性认识。第二，儿童因为只受到了自己错误行动的痛苦后果，他们必然多少明白地认识到惩罚的公正。第三，儿童既认识到惩罚的公正，同时又是从事物的规律中而不是从那一个人手中受到惩罚，儿童的情绪波动就会较少些，家长也能够比较保持平静。第四，在家长和儿童之间防止了彼此的激怒，而会形成一种较愉快和较有力量的亲子关系。

但是，斯宾塞并不赞成法国教育家卢梭提出的不分儿童年龄采用"自然后果"教育的做法，指出"自然后果"教育的原则不适合幼小儿童的教育。

此外，斯宾塞还提出了功利主义道德观。他指出，一种行为，如果它当时的和日后的整个结果是有益的，就是良好的行为；而一种当时的和日后的整个结果是有害的行为，那就是坏的行为。归根结底，人们是从结果是愉快或痛苦来判断行为的好坏。

2.德育的方法。

从培养一个能够自治的人和"自然后果"教育的原则出发，斯宾塞在道德教育上提出了一些具体的方法：

（1）要耐心地对待儿童经常表现出来的缺点。当儿童有缺点时，不要首先想到发泄怒气，而要和善地对待他们。因为野蛮产生野蛮，仁爱产生仁爱，这就是真理。待儿童没有同情，他们就变得没有同情；待儿童粗暴，他们就变得粗暴。

（2）不要给儿童提出一个善良行为的高标准，也不要急于促成儿童的良好行为。因为和高度的智慧一样，高尚的道德也要经过缓慢的成长过程才能达到。希望儿童有任何大量的美德，显然是不妥当的。

（3）要让儿童从经验中去受教育。这样就能够保证儿童的行动得到自然的反应，有助于道德的培养。儿童既不因为性情温顺而由过分的约束成为温室里的好人，也不因为性情任性而由过分的约束引起有伤和气的对抗。

（4）要少给儿童发命令。只有在其他方式不适用或失败的时候才用命令。但是，一旦真发命令时就要决断和前后一致，而且发布命令后决不动摇。然而，要尽可能避免对儿童采用高压措施，但在需要专制时就要认真地专制。

（5）要记住正确地进行道德教育并不是一件简单容易的事情，而是一个复杂和困难的、艰巨的任务。因此，在道德教育中，要点钻研，要点机智，要点忍耐，要点自制；既要分析儿童行为的动机，也要分析自己的动机,不断改进教育方法。

四、体育

斯宾塞在健康和体育问题上主要论及了 3 个方面:

1.注意儿童的饮食营养与衣着。

为了使儿童有健全的心智也有强壮的身体,必须纠正不重视儿童健康和合理养育的情况。在饮食营养上,应该养成儿童良好的饮食习惯,不要吃得过多或过少,食物的质量和营养应高于成人又易于消化;饮食也要多样化,定期更换食物,注意每餐食品的搭配。在衣着上,要求儿童所穿的衣服在任何时候都能有效地保护身体,不至于有任何轻微的寒冷感觉;绝对不要因在衣着上追随不合理的时髦而使儿童的体格受到严重的损失。

2.加强体育运动。

对于所有儿童来说,体育运动是十分重要的。学校应该有相当合适的运动场,并规定户外运动的时间。通过体育运动,可以使儿童加快血液循环,增进身体健康。就儿童体育运动的内容来讲,它包括体操和游戏等。但是,两者相比,游戏比体操有本质上的优越性。因为游戏是一种自然的自发运动,儿童不仅感到很有兴趣,而且又能使自己的身体匀称地发育。

3.防止学习负担过重。

由于心智上用心过度,许多儿童的身体受到了损害。因为当用心太过度的时候,其结果就更为严重,不仅影响身体的健全,而且甚至会影响到脑本身的健全。许多学校在规定时间内要学完的课程繁多,加上教师为了儿童考出好成绩又拼命施加压力,以及儿童每天用 12—13 小时从事智力劳动,必然会给儿童的身体带来很大的伤害。因此,斯宾塞指出,身体既是心智的基础,发展心智就不能使身体吃亏。当人们在教育中采取一种必然会使受教育者健康受损的办法,这如果不证明是居心残忍,就证明是无知得可怜。

作者简介

赫伯特·斯宾塞(1820—1903),英国社会学家,哲学家。曾任《经济学家》杂志副主编。1853 年辞去公职,专事著述。倡导综合哲学、普遍进化论和社会有机体论。认为人类社会与国家是一生物有机体。是理论社会学的创始人之一。主张不可知论,宣称"理性只能认识相对的东西",事物的本质是无法认识的,任何想要突破人类主观经验界限的企图都是"形而上学"。在美学上,既拥护康德的纯粹美学说与席勒的游戏说,又提倡有用即美。在教育上,主张重视自然科学并大量建立实践中学。

主要著作有《综合哲学》《社会静态学》《社会学研究》等。

《斯宾塞的快乐教育》

快乐教育需要什么样的父母

1.做孩子的引路人。

在对孩子的教育过程中,父母的影响是巨大的,不论是好的影响还是坏的影响,都同样巨大。

每个父母都希望自己的孩子能够在快乐中学习和成长,但并不是每个家长都知道自己在孩子成长过程中需要扮演的角色。

我们常常听到家长这样抱怨:

当初向我们保证坚持练琴,到现在才不到一年,就坚持不下去了;

我实在不知道该怎么办了,才上小学的儿子对我一点儿也不尊重,说话经常大吼大叫的;

……

听到父母口中说出这样的话来,的确会拨动我们同情的心弦,他们真是太不容易了。可是，如果仔细思考，我们是不是可以提出这样的疑问：

孩子坚持不下去的原因到底是什么呢？作为对孩子影响巨大的父母，是否经常在做一件事情时半途而废呢？

平时你是否对孩子或者身边人说话时也是大嗓门呢？

其实，孩子的第一任老师是父母，父母的言传身教将直接被孩子看在眼里，记在心里，以至影响其一生的发展。孩子的心灵就像一张洁白无瑕的纸，父母涂什么颜色就是什么颜色。

换言之，在家庭教育中，父母扮演的是孩子引路人的角色。正如有着"家庭教育之母"之称的著名教育家夏洛特·梅森所说的："教育应从家庭开始，从父母开始。"

在孩子通向外部世界的过程中，父母是首要的引路人。无论是孩子性格的培养，还是情感的教育，也不管是智力的训练，抑或道德、品质的形成，父母的影响都是巨大的。这种"巨大"所包含的，有好的影响，也有坏的影响。

对于孩子来说，他们需要的不仅仅是父母在物质方面充当的保护者、供给者的角色，更需要父母在精神上给予朋友般的理解与支持。

对此，斯宾塞做过这样的假设：如果现实中孩子的家长是专制、狭隘、粗暴的，那么孩子们会在日后的生活中，寻找民主、宽厚和充满智慧的精神之父。

综观现实，由于生活的压力，受教育程度高低的不同，以及对如何教育和培养孩子的知识的缺乏，很多家长往往固执己见，不通情理，对孩子的权利与情感不给予丝毫的尊重。结果则是导致孩子对于自己的放弃，对于生活的失望，以及对于父母的怨恨，等等。

不管怎么说，父母的角色对孩子的影响是至关重要的，要想让孩子成长为一个健康积极、聪明智慧，能够成才成功的人，那么父母需要当好孩子的引路人。

没有不成才的孩子,只有教育方法不适当、缺乏理性和智慧的家长。孩子就像一只雏鹰,最终能走多远,能飞多高,就要看父母如何在关键的时刻,对他进行引导帮助和关心教育了。

(1)树立榜样,引导孩子乐观向上。

对孩子来讲,朝夕相处的父母就是他们的一面镜子,有什么样的父母,就会有什么样的孩子。在家庭中父母要有意识地创造良好氛围,为孩子树立榜样,如排队、让座、不随地吐痰等细节,要求孩子做到的,父母要首先做到,要求孩子不能去做的,父母一定先不去做。

比如,有的家长常常会这样抱怨:"只要遇到一点儿问题,他就没有耐心继续下去,真是让人发愁。"其实,此时父母需要了解的是,该问题是否真的超出孩子的能力范围,同时也要自我审视,以往当自己面对问题时,又是以何种方式来解决的?父母自己是否是以乐观正面的态度解决问题,还是也常常说"太麻烦了,问题一大堆,干脆先丢在一旁好了"。如果父母经常以消极、畏缩的方式面对问题,孩子也很容易学习到此种负面态度,肩负"以身作则"大任的家长,千万不可掉以轻心。

(2)放下架子尊重孩子。

古语说,树怕伤根,人怕伤心。孩子也不例外,自尊心、自信心是他们成长的精神支柱,是他们向善的基石,也是他们自我发展的内在动力。放下家长的架子来尊重孩子是让孩子尊重别人的最好的教育方式,父母若总是居高临下,以权威的姿态对待孩子,他们会因幼小无奈而产生心理上的不平衡,结果很可能以欺侮弱小来寻求心理上的平衡。家长简单粗暴,不讲方式方法的教育方式,只会伤害孩子的自尊心。

除此之外,在教育孩子的过程中,父母也要有爱心、耐心和恒心,坚持多表扬鼓励,少指责埋怨,只有这样才能调动和激发孩子成才发展的自觉性、积极性,进而使他们不断克服缺点,逐渐完善自我,成为一个对社会有用的高素质的人才。

（3）赏识孩子，发现优点。

通过赏识教育，可以激发孩子的内在动力，帮助孩子扬长避短，克服自卑、怯懦的心理，树立自信心。具体说来，家长可以从以下的角度，对孩子进行赏识教育：让孩子学会赏识自己。赏识自己是自信的基础，要让孩子从小就感觉到自己有很多优点。同时，家长还要善于给孩子尽可能地创造一些赏识自己的氛围和机会，比如，通过让孩子参加小手工制作、画展、诗歌朗诵会、讲故事比赛等，让孩子通过展示自己的才艺认识自己，欣赏自己。

（4）培养孩子抵御挫折的能力。

每个人的人生道路上都难免有困难和挫折，这就需要家长对孩子进行磨难教育，以增强孩子的抗挫折能力。例如，每天早晨，督促孩子坚持跑步，不要因为天气寒冷或者其他原因而去迁就他；节假日里，带孩子一起去远足，去爬山，在奔跑和攀登过程中锻炼他抗挫折的能力；另外，喜欢下棋的家长还可以和孩子一起下棋，特别是下残局，不要让孩子轻易认输，这才有利于增强孩子抗挫折的能力。

2.父母是孩子最好的榜样。

做父母的人身上所拥有的任何一点善良、宽容或者积极乐观、公正、民主的德行，还有日常勤劳、节俭、整洁的习惯，在孩子的身上都会反映出来。

一位父亲发现，自己刚刚上一年级的儿子有个很不好的习惯：他在吃饭的时候，总是把碗端到电视前，一边看电视一边吃。

于是，父亲教育儿子说："你不能边看电视边吃饭，这对消化不好，吃饭的时候也要一心一意。"不想，儿子却反驳说："爸爸，既然这么不好，那你为什么也这么做呢？"

父亲很纳闷地问："我没有啊，我什么时候这样了？"

孩子提高嗓门儿说："你仔细想想，周末的时候，你经常一边看着电脑一边吃饭。"

父亲回想了一下，的确如此，他下载了一些电视剧，吃饭的时候正好看到高潮处，于是就把饭端到电脑前，边看边吃。

尽管事实的确如此，父亲还是不愿承认，于是狡辩说："我是大人，我能这样，你是孩子，你不能。"儿子噘着嘴很不服气地说："难道你们大人这样做就是对的吗？"说完，依旧边看电视边吃饭。

由此可见，父母的一言一行都看在孩子的眼中，记在孩子的心里，父母是孩子最好的榜样。心理学家调查显示，一半以上的孩子有着自己认同的模仿对象，而其中有78%的孩子以自己的父母为认同的模仿对象。

可以说，父母在孩子心目中是"英雄人物"，是孩子最初的偶像，如：父母无法好好地扮演自己在孩子心目中的角色，父母又怎样对得起孩子的崇拜呢？

孩子在小的时候缺乏判断是非的能力，他们总是无意识地模仿父母的言行，父母的言行无论好坏，无论正确与否都会被孩子在不知不觉中模仿去。好的行为被模仿，对于孩子的成长当然是很有利的，而坏的行为被孩子效仿了，要改变是很难的。

大教育家洛克认为，在教育孩子的时候，与其让孩子记住规则，还不如给孩子树立榜样，他说："无论给儿童什么样的教育，无论每天给他多么聪明而文雅的训练，对他的行为能产生最大影响的依然是他父母的行为。"

父母的人格和品质对孩子有着潜移默化的作用，会影响孩子的成长，甚至一辈子，如果父母这一榜样出现了偏差，那么孩子的思想行为也会跟着出现偏差。在他成长的过程中，他就会放松自律，缺乏自制，甚至做出违背社会公德的事情，孩子也就失去了一个幸福和快乐的人生。

当父母友好地对待他人时,孩子也会变得友善;当父母心胸狭窄、自私自利时,孩子也同样学到了这些;当我们不愿意参加一个聚会,撒谎说自己生病时,孩子也学会了欺骗;当父母整天郁郁寡欢,孩子的脸上也会没有任何笑容……

斯宾塞说,我们大部分的人既然都相信任何事物的产生都是有原因的,不同的原因就会产生相应的不同结果,那么父母影响孩子的道德、品质也是再自然不过的事情了。

(1)父母要求孩子,也要如此要求自己。

榜样的力量是无穷大的,父母一定要让孩子在自己的身上接受榜样的力量。但是很多父母往往做得不够到位:

父母要求孩子好好学习、增长见识,可是自己却不喜欢读书、看报,连给孩子检查作业的时间也没有;

父母要求孩子遇事要平和,不要轻易发脾气,可是当自己遇到不顺心的事的时候,却对家人大吵大嚷,把气撒在孩子或者其他人身上;

父母要求孩子要早睡早起,而自己却总是看电视到半夜,到了第二天中午还在呼呼大睡;

父母要求孩子在外面要讲礼貌,不要骂人,自己到了外面却抽烟、吐痰……

当父母发现孩子非但没有朝自己所希望的方向发展,坏品质却越来越多时,就一味地责怪孩子,其实,如果父母好好反思一下,就会发现根本原因就在自己的身上,如果想让孩子拥有良好的人格,自己就必须拥有这样的人格,人们说:"教育孩子,从教育家长开始。"

父母想成为孩子最好的榜样,就要首先学会用要求孩子的行为标准来要求自己,让自己成为孩子学习和模仿的好对象。

(2)父母一定要言行一致。

很多父母都懂得什么样的习惯和品格是好的，于是他们会这样教育孩子：

要讲信用，答应别人的事情一定要做到；

不要撒谎，撒谎是可耻的，所有人都讨厌撒谎的人；

不要和别人发生冲突，不要骂人和打架，这些行为都是不好的；

要按时吃饭，不然你会长不高的；

自己的袜子要自己洗，这样才是好孩子；

……

可是父母又是怎样做的呢？

明明答应了孩子周末带他去游乐园，可是因为自己睡懒觉而耽误了，于是又许诺孩子"下次一定去"，可是到了下次，又因为单位有事，去不了了；

同事跟自己借钱，明明有钱，但是却撒谎说："最近孩子病了，花去了很多钱，实在没有多余的了。"

总是因为忙于工作而不按时吃饭，吃午饭的时候，已经到了下午四五点钟了；

袜子扔了一地就是不肯洗；

……

当孩子看到父母的言行不一致的时候，他们会问："为什么让我这么做，你却不这么做？"父母常常给自己找台阶下说："大人能这样，孩子不能。"这样的话不但不能让孩子心服口服，反而会加重他们的叛逆情绪，继续依照父母的行为来做事。

父母在孩子面前不经意的行为疏漏都会让自己榜样的力量大打折扣，我们命令孩子，对其灌输各种道理，自己却在行为上轻易违背，无法言行一致。

也许对于家长来说,一些不好的行为并无大碍,但是对于正处在性格长成阶段的孩子来说,在他单一纯粹的精神世界中,父母的一切言行都具有不可置疑的权威力量,你的行动,便是他的是非标杆,所以你的失约,会让他做出"承诺其实是可以不去兑现的"的判断。当父母不停地将"要诚实,不能说谎"这样的是非观念传达给孩子的时候,却忽视了语言的力量是有限而且微弱的,如果说的话不能与更有效的行为力量相结合起来,那些空话将只会成为无用功,甚至适得其反。

3.当孩子的亲密伙伴。

只有跟孩子一起经历过,和孩子有着同样感触的父母,才能真正地理解孩子啊!

每个孩子都有着自己的想法,有着不同的经历,在孩子不同的年龄阶段,他们的心理也会发生各种各样的变化,面对孩子阴晴不定的脸,有些家长顾虑重重:

孩子特爱哭,我也不知道是为了什么,真不知道怎么办才好?

他到底在想什么? 我很想弄明白,可是一问起来,就什么都不肯说,生生地把我给急死!

这孩子到底是怎么了? 死活不肯听我的话,我说让他向东,他偏向西;

……

听到这些话,很多人都点头表示有同感,然后一致摇头叹气,总之一句话"都是孩子的错,孩子越来越让人搞不懂了",但是如果我们换个角度看问题,多问一下我们自己:

孩子为什么哭呢? 和我们有没有关系,打他了吗? 骂他了吗? 误会他了吗?

孩子为什么不肯告诉你他在想什么? 当孩子第一次告诉你他的想

法的时候,你是不是教训他了？ 否定他了？ 训斥他了？

孩子为什么这么叛逆？ 你命令他了吗？ 逼迫他了吗？

……

生活中,很多父母认为,孩子就是孩子,他们必须听父母的话,必须按照父母的意愿生活,父母和孩子是不同时代的人,父母是"过来人",有着丰富的人生阅历。孩子要成长,必须按照父母所设定的道路走。殊不知,正是因为如此,孩子和父母渐渐疏远,即使孩子表面上顺从,终有一天也会爆发,发挥他巨大的反抗力。

所以,如果父母想了解孩子的想法,知道他们真正的意图,让欢笑重新挂在他们的脸上,就不能人为地给自己和孩子之间划出一条鸿沟,而是应该和孩子握手言和,拉钩上吊,从此成为亲密伙伴。

在当今社会,孩子是一个家庭的中心,于是望子成龙、望女成凤成了家长的心愿。心愿固然很好,但是父母对孩子过度的关注和期望给孩子造成了无形的压力和束缚,使得孩子每天都过得很累,逐渐地,父母发现,原来孩子离自己所期望的越来越远。

很多孩子都有亲密的伙伴,喜欢和自己的朋友玩,也喜欢把自己的想法告诉他们,却和自己的父母相当疏远,甚至把父母当成自己的"敌人",他们认为自己在父母的眼里只是孩子,是被管束的对象,没有自己的主见,他们不敢在父母面前说出自己的真实想法。

而父母,都希望孩子能够好好听自己的话,好好跟自己沟通。但是父母必须认识到的是,只有进行心与心的交流才能获得最准确的信息,父母才能对症下药,解决孩子的问题,改掉他们的坏习惯,如果想达到这样的目的,最为简洁的方法就是当好孩子的亲密伙伴。

斯宾塞教给我们一个秘方:父母平时除了注意了解和观察孩子的言行举止以外,还要进入他们的内心世界,给予他们同情、理解和支持,这能够最大限度地提高孩子自我反省的能力和感知外界环境的能力,也能够很好地拉近父母与孩子的距离。

孩子的内心世界是纯净无瑕的,进入他们的世界之后,你会发现一个不一样的天空,他们的喜怒哀乐都装在了里面。当孩子真正把父母当成了自己的伙伴之时,他们便会不再惧怕,不再犹豫,而是真真正正地向自己的快乐进发。

(1)家长主动进入"孩子时代"。

理论上讲,家长过的桥比孩子走的路还要长,吃的盐比孩子吃的饭还要多,每个家长都经历过孩童时代,但是由于时代的发展,现在的孩子所处的环境跟家长当年的环境大相径庭。所以,很多家长都会感到头痛:

我们小时候看的是《葫芦娃》,他们现在看的是《喜羊羊与灰太狼》;

我们小时候玩儿的是过家家,他们却有着无数的洋娃娃和玩具模型;

我们小时候玩儿的是跳皮筋,他们喜欢把自己关在家里上网;

我们……

的确如此,时代和时代是不同的,家长如果想和孩子打成一片,必须让自己不断学习,接纳新的事物,让自己"适应"这种环境的变化,经常上上网,看看现在孩子到底喜欢什么东西;经常陪孩子看看动画片,找找有什么地方是值得孩子学习的……只有你把孩子当朋友,和他一起疯,他才能把你当自己的伙伴,和你亲近。

(2)降低对孩子的要求。

现在很多父母给了孩子太大的压力——给孩子报了无数个业余班,期望孩子钢琴、舞蹈、绘画、音乐等样样精通,还不断地暗示孩子:"你将来要当个舞蹈家、音乐家、画家、科学家……"

事实上,逼子成龙不如助子成龙,孩子学习一种东西,不但要有良好的学习环境,还要看他的天赋和爱好,如果孩子实在对此没有什么兴趣,你的苦苦相逼,只能让他更加反感,进而发展成叛逆。

　　还有些家长,每次孩子考完试都会问:"你考第几啊?""下次一定要拿满分。"成绩成了家长衡量孩子好坏的唯一标准,也使得孩子陷入了巨大的烦恼之中。

　　成绩只反映了孩子的一个方面,做家长的,还要重视培养孩子发展其他方面的天分,并给予他鼓励和肯定,而不是仅仅局限在成绩和读书上。家长应该和孩子进行平等交流,在父母和孩子之间建立一个更为广阔的交流平台。

　　(3)对孩子多一些肯定,少一些训斥。

　　很多家长总是自觉不自觉地犯这样一种错误:当孩子说出自己不成熟的想法时,家长便眉头紧皱,开始训斥:

　　你的脑袋都装了些什么,不好好学习,整天想这些个乱七八糟的东西;

　　怪不得干什么都不行,原来你的心思全用在这些没用的事情上面;

　　趁早把你的这种想法收起来,都是些什么歪门邪道啊?

　　原来你是这么想的?怪不得那么笨,你脑袋就不会转弯吗?

　　……

　　试想,如果有人对你说出这样的话,你会有怎样的感受呢?气恼?失望?烦躁?羞愧?那么,下次你还会把你的真实想法告诉对方吗?当然不会,人要脸,树要皮,孩子也是如此。

　　所以,我们不能拿我们自己的经验作为衡量标准来批评孩子想法的不对、不成熟,而是要鼓励他们,引导他们向更积极、更好的方面发展。批评只会适得其反。

4.在孩子面前不摆"统治者"的架子。

假如父母真的希望孩子快乐，那么父母应该百分之百地抛弃统治者的架子。

在国外，很多孩子都可以直呼父母的名字，他们可以坐在父亲的肩头嬉笑，可以扎进母亲的怀里撒娇，然而在中国，却很多这样的现象：

原本孩子和小朋友玩儿得很高兴，看到自己的爸爸或者妈妈远远地走过来，立马收敛了脸上的笑容；

孩子一次考试没考好，吓得心惊胆战不敢回家，有的还躲到了外婆家；

孩子在父母面前总是不敢抬头，做出一副做了亏心事，等待训斥的样子；

孩子极其叛逆，父母的话横竖不听；

……

对此，很多父母也很疑惑：

孩子这是怎么了，我是老虎吗？怎么就这么怕我？

做事不够大胆，被人家欺负了回家还不敢说，我怎么就养了个这么懦弱的孩子？

我到底怎么他了？一点儿主见都没有，我说什么他就答应什么！

……

是啊，孩子怎么了？

孩子怕了！为什么？想想自己在平时的生活中有没有过这样的行为？

下班回到家，忙碌了一天，看到孩子在看动画片，直看得哈哈大笑，原本心情就不快，听到这笑，你大发雷霆，怒吼道："没见我心情不好吗？关上电视，回你的房间笑去！"

孩子没听你的话，做错了事，你怒目训斥："我之前跟你说过没有？为什么不听？今天的晚饭你一粒米也不准吃！"

孩子在外人面前给你抹了黑，你快快不快："你看人家的孩子多给家长长脸，你再看看你，我的老脸都被你这个小兔崽子丢尽了，下次我再也不带你出去了。"

甚至还有家长棍棒相加，对孩子大打出手。

……

找到原因了吗？孩子之所以有之前的那些表现，不是因为别人，也不是因为他们本身的性格，而是因为你。你总是把自己当成一个"统治者"，而孩子就是你统治的对象，恨不得孩子对自己言听计从，俯首帖耳，而最终的结果大家也已经看到了。在很多家长脑子里都存在这样一个观念：家长总是对的，孩子一定要服从。这是教育孩子最简单的方式，然而最简单的往往不是最好的。

每个孩子有着自己的思想和判断力，如果家长总是在孩子面前摆"统治者"的架子，以压制的方式对待孩子，孩子会觉得自己受到了不公正待遇。如果家长一直采取这样的方式，孩子会逐渐形成执拗的性格，要么没有主见，变得懦弱，要么就会"哪里有压迫，哪里就有反抗"，变得叛逆，抑或"言者谆谆，听者藐藐"，表面上听你的，心里却不服得很。

家长之所以爱摆"统治者"的架子，其实是因为封建家长的意识在作祟，如果家长希望自己的孩子健康而快乐地成长，应该对孩子少一些压制，多一些关爱。父母管孩子靠的应该是人格的力量、感情的力量。

对此，斯宾塞认为：和谐、安宁、耐心地等待，循序渐进地让其发展等行为，是在教育中很必要的，与此相反，要求急切、变化剧烈等反应则是有害而无益的。所以，很多情况下，父母应该放弃自己的"统治者"的架子，还孩子快乐的成长氛围。

（1）批评孩子要讲艺术。

孩子毕竟是孩子，难免会犯一些大大小小的错误，面对孩子的错误，大多数家长选择了批评。批评好？不好，批评的最终目的是为了让孩子树立正确的世界观和价值观，但是批评一定要讲艺术，讲方法。可叹的是，很多家长往往采取单刀直入，以"统治者"的口气批评孩子：

你总是犯错误，我看你是改不了，就这德行了！

如果下次你再犯同样的错误，你就不是我儿子！

知道错了吗？你说，你错在哪里？知道错在哪里还犯？你怎么这么不长记性！

……

经过你的一番训斥，孩子肯定记住了他的错误，但是却不能保证他不再犯同样的错误，因为你只知道训斥，却忘记了告诉他错误的根源，而孩子心里根深蒂固的印象是"我被父亲批评了"，而不是"我错了"。有的父母采用了这样的方式：

你看你打了小朋友，他该多疼啊？如果你挨打了，你会疼吗？所以，以后不要打人哦；

今天你是不是惹老师生气了？你看老师平时对你多好啊，上次你过生日，还送了你一本漂亮的日记本，你该不该惹老师生气啊？

……

这样的批评方式往往能让孩子接受，而且还能帮助他们很好地改正错误。

（2）不要压制孩子的想法。

每个孩子都是空想家，会有天马行空的想法，而且这些想法很多是大人无法理解的，当孩子蹦出稀奇古怪的想法时，有的家长就开始端起了架子：

以后不准你说这些莫名其妙的话!

小孩子别乱说,你才几岁啊,懂什么?

我的天啊,你的脑袋是不是出问题了?

······

事实上,孩子的种种想法是他们开动脑筋的表现,孩子的想象力蕴藏着无穷大的力量,会让他们积极主动地去学习和探索,而父母的压制,从某个方面来说就等于扼杀了他们的想象力和巨大的潜力。

(3)家长要主动承认错误。

中国人爱面子,尤其是面对比自己还弱的群体时,即使犯了错误,并知道自己确实错了,也不愿意承认,家长对孩子也是如此,他们认为,家长的错也是对的。

这往往会引起孩子的抱怨:"为什么爸爸妈妈错了就可以不承认错误,而我错了就非要承认呢?"这种想法会严重影响孩子的判断力,所以,要想给予孩子正确的教育,家长在犯错时,也应该积极主动地承认错误,放下自己的架子,向孩子说声"对不起"。这不但不会降低家长在孩子心中的威信,而且还会增加孩子对父母的信任,也会让孩子在你的影响下养成主动承认错误的好习惯。

5.父亲是孩子通向生活的引导人。

父亲是孩子通往外部世界的引导者,他总是用自己的言行,有意无意地将孩子引向外部世界,引向大自然、社会和他们感兴趣的事情,孩子正是通过自己的父亲,好奇地观察着周围的全部。

一说到孩子,"母亲"这个名词会首先出现在人们面前。的确,是母亲把孩子哺育成人,母爱的力量感天动地,但是父亲对于孩子的成长也起着巨大的作用,如果说母亲是孩子感受到爱的人,那么父亲就是孩子通向生活的引导人。也许会有父亲这样说:

养孩子是女人的事，我一个大男人能有什么经验？不帮倒忙就不错了；

男人应该以事业为重，养孩子这样的事情还是留给女人吧；

工作忙得很，哪有时间照顾孩子，我得养家糊口；

……

正是因为这样，在很多孩子的脑海里，父亲往往只是一个代名词——他们起床的时候，爸爸已经去上班了，他们睡觉的时候，爸爸尚未下班，就算见着爸爸，爸爸也总是忙于自己的事情，很难跟自己说上几句话。在一部电影里，有这样一个镜头：

一天，可爱的男孩儿问爸爸："爸爸，你一天能挣多少钱？"

爸爸说："两三百吧。"

男孩儿说："爸爸，您能借给我五百块钱吗？"

爸爸诧异地问："你要这么多钱干什么？"

男孩儿从兜里掏出一百块钱说："我这里还有一百块零用钱，再加上您借给我的五百块，我能买您三天的时间陪陪我吗？"

生活中，很多父亲都忘记了自己的角色，更忽视了自己对于孩子的教育作用，事实上，父亲不仅仅是家庭的供养者，为孩子提供优越的物质条件，更重要的是父亲的一举一动对孩子有着巨大的引导作用，就如美国著名心理学家杜布森所说："让一个男孩和一个合适的男人在一起，这个男孩永远不会走上邪路。"而这个合适的男人就是父亲。斯宾塞的教育智慧，父爱与母爱是不同的，母亲再好也代替不了父亲，就像再好的父亲也代替不了母亲一样。

斯宾塞认为：父亲给孩子带来的世界是能让孩子更加好奇的，更感兴趣，更有趣的世界，所以父亲有义务好好地引导孩子勇敢地去探索，朝气蓬勃地去学习，这是孩子成长过程中的必经之路。

有研究证明，父亲更多地跟孩子交往，有助于提高孩子的认识能力和自信心，并加强成就动机。孩子在家里和父亲相处的时间越长，智力也就越发达。美国耶鲁大学一项连续进行了 12 年的研究表明，从小由爸爸带大的孩子智商高、精力旺盛、善交际、学习成绩好。

母亲和孩子玩耍的时候，往往比较小心翼翼，活动强度很小，有着很强的过度保护倾向，而父亲总是和孩子做一些难度大的动作，如游泳、爬攀等活动，而且会经常变换活动的内容和方式。专家们发现：由父母共同承担养育责任养育的孩子，在面对新环境（如初次去托儿所）时的焦虑感较低。

有心理学家经过多次实验和观察发现：几个月大的孩子，如果和父亲有较多地接触，对陌生人有着很强的适应性，他们很少怕生，而长到几岁的孩子如果有父亲的陪伴和照料，比没有父亲照料的孩子更具有同情心，有着更好的人际关系。父亲有助于提高孩子的交往能力。

由此可见，父教有着独特价值，所以教育孩子不单单是母亲的事情，父亲同样承担着巨大的责任。俗话说："养不教，父之过"。所以，在教育孩子的问题上，父亲绝不能缺席。

（1）态度最重要。

杜布森说过："没有哪个男人比蹲下去帮助孩子的时候站得更高。"意思就是说，父亲在教育孩子的问题上应该有一个好的态度，不要认为这不是男人做的事情，就变得烦躁或拒绝，甚至暴怒，父亲应该承担起一个父亲的角色，面对教育孩子的问题应该义不容辞。

所以，父亲们应该首先要端正自己的态度，要认识到做好一个父亲是一种荣耀，要大胆打破传统的对父亲这一角色的刻板印象，改变传统的教育方式，把教育孩子当成自己毕生的使命。

（2）做孩子的好榜样。

父亲是孩子的老师,孩子会通过父亲的一言一行来认识这个世界,父亲的一举一动都会成为孩子模仿的对象,所以,父亲的坏毛病通常会"传染"给自己的孩子,所以父亲一定要给孩子树立一个好榜样。父亲的气质、男子汉的气魄,刚毅、果断、善良、自制等良好的性格,同样会让孩子感到骄傲,进而去模仿和学习,而这些都是对孩子好性格的养成和以后的生活是十分有利的。

(3)好爸爸要奉献时间。

有关儿童发展的心理学研究表明,孩子一出生,与父亲之间的关系就开始建立了。很多孩子开口说的第一个词语就是"爸爸"。如果想要成为一个好父亲,就应该从孩子出生的那一天起,舍得投入时间去养育他、教育他。为了孩子的成长,父亲要做出一定的牺牲,因为孩子的成长是父亲生命中最重要的事情。所以,父亲不要总是把事业当成自己生活的全部,从你的孩子出生的那一刻起,当听到孩子叫你"爸爸"的那一声开始,你应该乐于把自己的时间多多地奉献给自己的孩子,奉献时间就是奉献爱,奉献给孩子一个美好的人生。